JN323991

樺太・瑞穂村の悲劇

사할린・미즈호마을의 비극

コンスタンチン・ガポネンコ 著
井上紘一／徐 満洙 訳

Константин Гапоненко, *Трагедия деревни Мидзухо* 1993
Южно-Сахалинск : Редакционно-издательское малое предприятие «Риф»

序

一九九九年の夏、科学研究費（代表は佐々木宏幹）によるシベリアのシャーマニズム調査研究中に私はサハリンに立ち寄った。私の関心は、シャーマニズムの調査から、かつて日本の植民地であった樺太に切り替わってしまった。そこでは終戦直前、朝鮮人を数万人規模で強制動員したこと、そしてまだ四万人の朝鮮人がそこに在住していること、特に瑞穂の朝鮮人虐殺事件などを知って大変大きな衝撃を受けた。

その後、何度も足を運びながら詳しく調査をし、林えいだい氏と中村元基氏から裁判記録など貴重な資料をいただいて『樺太朝鮮人の悲劇』（第一書房）と『サハリン――流刑と棄民』（韓国・民俗苑）を出版した。その悲劇を詳細に描いたКонстантин Гапоненко（コンスタンチン・ガポネンコ）著*Трагедия деревни Мидзухо*（『瑞穂村の悲劇』）を読者に提供したく翻訳をお願いしたものが完成し、こうして紹介できることになり感謝している次第である。

これは戦争期におけるデマによる事件ではあるが、われわれに与えるメッセージは大きいものである。それは、交戦中など社会組織が無秩序の状態では反社会的現象が起きうるということである。人間社会は長い歴史によって文化や社会組織を作り上げてきた。しかし法律などの力が戦争中無効になり人間失格状態になることから、「人間の条件」を訴えた映画のようなことが実際に起きたのである。

一九四五年八月、第二次世界大戦の終わりごろ、当時樺太の農村の一つである瑞穂村で朝鮮人虐殺事件が起きた。ソ連は終戦期に満州や樺太などへ侵入し、その終戦状態の時に、樺太の一農村でうわさによって虐殺が起こったのである。つまり脅威の前では人間らしさを守ることは難しいということである。われわれの社会では、身の安全が侵害されないよう対面や礼儀、法律などが必要によって組み立てられている。戦争中には心の平和、人権などを守ることは難しい。本当の平和の心を作るべく、よりダイナミックな教育や文化装置が必要である。この書を通してそうしたメッセージが伝わることを期待する。

　下関市在住の徐満洙氏はロシア語が堪能な方であり、私は本書を翻訳することを勧めた。下書きの筆記をパソコンに打ち込みながら私の力不足を強く感じ、友人であり中部大学の元同僚であったロシア研究者の井上紘一氏に監修を願ったところ、快く受け入れてくださった。彼は翻訳とともに注をつけながら細かい部分にもかなり力を入れられた。その労苦にも感謝したい。

　下関市の東亜大学に赴任して以来、東アジア、北東アジアについての研究を続け、特に日本植民地研究の中心地にしたいと願っていた。東亜大学学長の櫛田宏治先生は私の意思を察知してくださり、東アジア文化研究所を設立する運びになった。この度、本書を東アジア文化研究所推薦図書として上梓することにした。著者の強い希望と訳者たちのご尽力に心から感謝したい。丁寧でより正確な翻訳に年数がかかってしまったが、ここに出版の運びとなり感謝と敬意を表したい。

二〇一二年五月三日

東亜大学東アジア文化研究所所長　崔《チェ》　吉《キル》城《ソン》

樺太・瑞穂村の悲劇❖目次

樺太・瑞穂村の悲劇

ЯПОНСКИМИ МИЛИТАЛИСТАМИ
27 НЕВИННО УБИТЫХ КОРЕЙЦЕВ
СЕЙ ОБЕЛИСК УСТАНОВЛЕН В ПАМЯТЬ
（この方尖塔〔オベリスク〕は　日本軍国主義者らに殺されたる
無辜の朝鮮人27人を記念して建立された）

ソ連軍の戦勝記念碑（旧真岡熊笹峠〔ホルムスク〕)。砲口は日本の方を向いている。

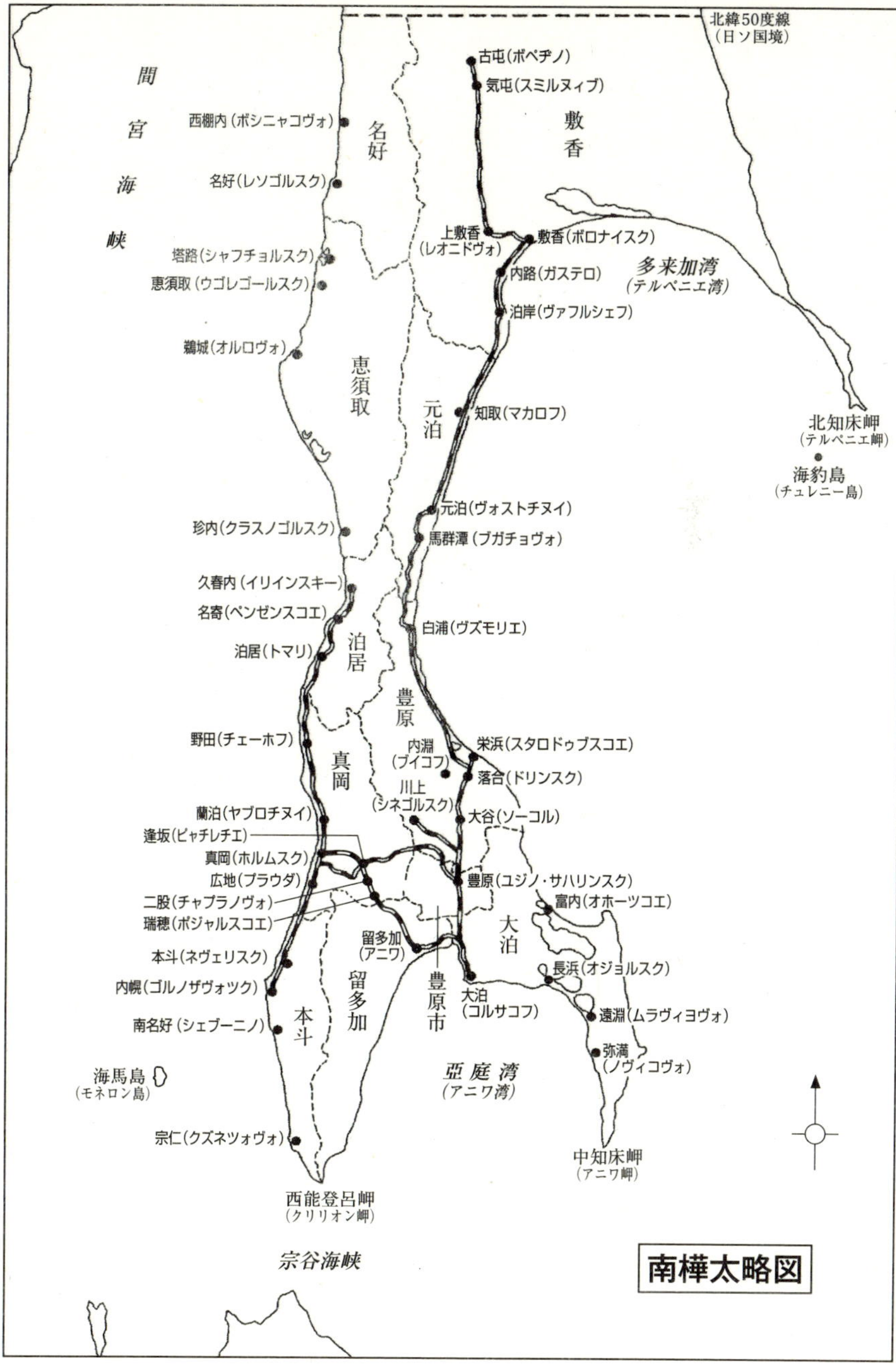
北緯50度線
(日ソ国境)
間宮海峡
古屯(ポペヂノ)
気屯(スミルヌィブ)
敷香
西柵内(ポシニャコヴォ)
名好
名好(レソゴルスク)
上敷香
(レオニドヴォ)
敷香(ポロナイスク)
塔路(シャフチョルスク)
内路(ガステロ)
多来加湾
(テルペニエ湾)
恵須取(ウゴレゴールスク)
泊岸(ヴァフルシェフ)
鵜城(オルロヴォ)
恵須取
元泊
知取(マカロフ)
北知床岬
(テルペニエ岬)
海豹島
(チュレニー島)
元泊(ヴォストチヌイ)
珍内(クラスノゴルスク)
馬群潭(ブガチョヴォ)
久春内(イリインスキー)
名寄(ペンゼンスコエ)
白浦(ヴズモリエ)
泊居
泊居(トマリ)
豊原
野田(チェーホフ)
栄浜(スタロドゥブスコエ)
内淵
(ブイコフ)
真岡
落合(ドリンスク)
川上
(シネゴルスク)
蘭泊(ヤブロチヌイ)
大谷(ソーコル)
逢坂(ピャチレチエ)
真岡(ホルムスク)
豊原(ユジノ・サハリンスク)
広地(プラウダ)
富内(オホーツコエ)
二股(チャプラノヴォ)
大泊
瑞穂(ポジャルスコエ)
留多加
(アニワ)
本斗(ネヴェリスク)
長浜(オジョルスク)
留多加
豊原市
内幌(ゴルノザヴォツク)
大泊
(コルサコフ)
本斗
遠淵(ムラヴィヨヴォ)
南名好(シェブーニノ)
弥満
(ノヴィコヴォ)
海馬島
(モネロン島)
亜庭湾
(アニワ湾)
宗仁(クズネツォヴォ)
中知床岬
(アニワ岬)
西能登呂岬
(クリリオン岬)
宗谷海峡
南樺太略図

＊訳者による本文の補足を［　］で示し、注釈（注8のみ原注）を該当の見開きページ末尾に置いた。

遅ればせの授業

人類はいつも
その一部が他の一部よりも
優れているとか
劣っていると見做す
誤謬を犯している

バートランド・ラッセル

生けるものは皆　苦悩にうち震え　死を恐れる
あらゆる生ける存在のなかで　おのれ自身を知るべし――
そして　殺すなかれ　死を起こすなかれ
生けるものは皆　苦痛を避け　おのれの生命を大事にする
あらゆる生ける存在のなかで　おのれ自身を理解すべし――
殺すなかれ　また　死を起こすなかれ

仏典より

運命の命ずるがままとはいえ、そのかなりの部分はまた自らの意思も働くなかで、私は四十有余年前、サハリンに辿りついた。ここで教師の職を得た私は、自らの勤労生活の大部分をピャチレチェンスカヤ八年制学校の小さな構内で過ごし、歴史を教えた。私は自らの気力と能力の許す限り、生徒たちがギリシャやローマ、また中世ヨーロッパ諸国の歴史について学び、ロシア国家の生成を促した諸過程を理解することにも手を貸した。

八年制学校における歴史科カリキュラムは「新時代」の枠を超えるものではなかったが、教室の外では、いかに「停滞の時代」といえども、然るべく「新生活」の息吹が感ぜられた[1]。私たちは、極東、サハリン、ホルムスク地区や故郷の村の、歴史や重大事件に親しく接し、最年長世代の人々の思い出を記録するなかで、「新生活」について学習した。私たちの学校にはミニ博物館さえ出現し、生徒たちはさまざまな陳列品を持参した。なかでも一九四五年八月の短期戦に関する陳列コーナーは、出色の出来栄えであった。私たちは幾度となく、短期決戦の戦場となった「カムィシェフ峠」〔旧熊笹峠〕や「ニコライチュウク駅」〔旧「駅の原」駅〕を訪ね、山々を歩き回り、跡形もなく崩れ落ちた旧日本軍の塹壕を掘り返した。見つけた薬莢や、赤錆びたライフルの銃身は、私たちのミニ博物館に収めた。ピャチレチエ〔旧逢坂〕村自体には、この戦争の遺物として、兵士の墓が数基残されていた。私たちの提案で改葬が行われ、斃《たお》れた兵士たちの遺骸は学校脇の共同墓地へ移された。あとでそこには記念碑が建てられ、私たちは記念の植樹を行った。そこでは今や天高く生長した松の木々が梢を揺すっている。

私たちの許を訪れた戦闘の参加者は先住の移住者たちだったが、この新開地がどのように整備されていったか、また日本人や朝鮮人たちとどのように共住していたかについても話してくれた。この当時のサハリンは、それなりに興味深い時代でもあったのだ。

私は折りに触れて、郷土誌に関する研究成果を「ホルムスクの」「コムニスト」〔現「ホルムスク・パノラマ」〕紙に寄稿していた。おそらくそのためであったろうか、一九八七年のことであるが、ソ連軍の陸戦隊が真岡《マオカ》〔今は私たちの地区中心地ホルムスク〕に上陸し、島の内陸部へ向けて進撃を開始した一九四五年の夏に、瑞穂《ミツホ》

（みずほ）村で起きた悲劇の関係資料を閲読《えつどく》する機会に恵まれた。瑞穂村は、私たちのピャチレチエ村からわずか二〇キロ先に所在した(2)。

私の作業机には三冊からなる、悲劇の実行犯に対する尋問調書と裁判記録が積んであった。これらの資料をより深く読み込むにつれて、私の疑問はますます募っていった。

私は当初、事件の輪郭を復元することに取り組んだ。このためには、調書の乾いた文体を口語体に改める必要があった。その際は、文書の記載から外れぬよう、また恣意的な想像を加えぬように心がけた。文書記録が十分に雄弁であるような場合には、それに従った。このことに私がどこまで成功しているかは、読者の

（1）ガポネンコ氏がピャチレチエで教師生活を送った一九六六〜八八年は、概して「停滞の時代」と称されるブレジネフ期に当たる。冷戦下にはあったものの、当時のソ連社会は、教育界も含め、脱スターリン化、「雪解け」、平和共存路線を展開したフルシチョフ期の、「新時代」の影を色濃く残していた。ここで「新生活」とあるのは、ゴルバチョフが一九八六年以降に推進した「ペレストロイカ」、「グラースノスチ」を指すものと忖度される。

（2）ピャチレチエと瑞穂の位置関係について、いささかの推測も交えて解説しておきたい。日本統治下の行政区画によると、瑞穂村は真岡支庁真岡郡清水村「字瑞穂」に該当し、「瑞穂本村」のほかに幾つかの「外村」――小字に相当する浦島《うらしま》、八号線《はちごうせん》など――を包摂し、清水行政村内では大字二股《ふたまた》（現チャプラノヴォ）、大字逢坂《おうさか》（現ピャチレチエ）に北接、大泊支庁の留多加《るたか》町字豊栄《とよさか》に南接していた。一方、ソ連期以降のロシアの行政区画では、ホルムスク地区（旧真岡支庁）が行政中心地のホルムスク市（旧眞岡町）と、それ以下の行政単位――「集落（ポショロク、ポセレニエ）」、「村（ヂェレヴニャ、セロ）」――に区分されている。

ガポネンコ氏の記載は、虐殺現場となった浦島（現ポジャルスコエ）や八号線が、氏の居住するピャチレチエ（旧逢坂）の「二〇キロ先に所在した」と解釈できる。なお、日本帝国陸地測量部作製の「五万分の一」地図に拠ると、逢坂は瑞穂北方の、留多加川源流域に立地し、ここでは逢坂川、矢取川、紅緑川、清水川の四河川が出逢って留多加川となる（『樺太五万分の一地図』（復刻版）、「逢坂」一〇二頁、「瑞穂」一〇三頁、国書刊行会、一九八三）。したがって、ロシア名のピャチレチエ（五河の出逢う所の意）は、このような景観特徴を的確に捉えた命名である。

裁きに委ねたい。だが悲劇の遠因や直接の原因を究明するのは、まさに至難の業であった。まことに恥ずかしながら、朝鮮や、自分が多くの歳月を共に暮らしてきた朝鮮人について、きわめて一般的で月並みな知識を別にすると、私は全く無知であることを痛感させられた。

ピャチレチェンスカヤ八年制学校にかつて在籍した子供たちの間には、朝鮮民族の生徒も少なくなかった。私たちの学校では、彼らの親たちとの関係も終始正常であった。私は、善良なる知己、良き隣人、個人的な友をそこに見出した。何人かは親友ともなった。彼らの家族的伝承に通暁しようと試みたこともある。

――ここでの暮らしぶり、昔はどんなふうでしたか――と、ある人たちには尋ねた。

――どうしてカザフスタンや中央アジアへ行かれたのですか(3)――と、別の人たちには説明を求めた。私が得たものは、さし障りのない回答か、さもなくば次のような、質問に対する問い返しであった。

――そんなことを知ってどうするの。

朝鮮人の間には、母国語も、その文字も、また歴史も知らない世代が、続々と成長していった。そのことを誰も、罪だとか災難だとは考えなかった。わが国の朝鮮人たちはこの国に第二の故郷を見出したのだ、と力説されることで皆が納得していた。もしそうであれば結構なことだ。だが私には、人にとって「故郷」は常に一つだけのように思われる。

私はその答えを求めて、朝鮮人の老人たちと対話を繰り返し、また同時に、朝鮮史に関する文献を少しずつ繙《ひもと》きだした。

この作業の結果をまとめた覚書きが仕上がると、私はそれを「コムニスト」紙へ、「カラフトの汗と血」と題する連載記事として公刊するよう申し入れた。資料は新聞に掲載されたものの、当面、瑞穂村事件の出番にまでは至らなかった。同紙を直轄する共産党市委員会は、日本人との間で悶着を起こしかねぬとおもんぱかり、公刊をためらっていた。

一年後、極東出版局サハリン支部は論集『われらに命が与えられた』を上梓するが、同書には悲劇的な瑞穂村事件をめぐる私の論考[4]も収録されていた。しかるにこの期に及んでも、著しく縮約された資料の再掲載で「コムニスト」紙はなおもお茶を濁したのである。

この事件に対する関心は消失したものと、私は考えた。そこで一九九一年三月、日本のノンフィクション作家・林えいだい氏が私を訪ねて来られたとき、一冊のノートを、手許にあった一件記録も添えて同氏へ謹呈した[5]。半年後、氏は一冊の著書[6]を携えて再訪された。この事件に対して、日本ではサハリン以上の関心が寄せられることになる。

幸いにも、私は間違っていた。一九九一年末、赤十字会サハリン州委員会付置「対困窮者慈善・適時地域支援」サハリン協会《ストリーシュ》から声がかかる。同協会の最高責任者イ・チュングヴォン氏とその人道問題担当次長シン・ウデギ氏は、私に著書を執筆するよう提案された。両氏は私に物質的支援を行い、出

(3) 全ソ連共産党中央委員会とソ連人民委員会議は一九三七年八月二十一日、スターリンとモロトフの署名のもとに、日本のスパイ活動浸透を阻止すべく、極東地方在住の朝鮮人を同地方の国境地帯から強制退去させる決定を下した。移住先として、カザフ共和国の南カザフスタン州、アラル海とバルハシ湖の沿岸地帯、およびウズベク共和国が指定される。

(4) K・ガポネンコ「瑞穂村の悲劇」(Константин Гапоненко, "Трагедия деревни Мидзухо," в: *Нам жизнь дана: литературно-публицистический сборник*, стр. 28-38. Южно-Сахалинск, 1989)。

(5) ガポネンコ氏からこのとき謹呈されたのは「分厚いノート五冊」と「原稿」だった、と林氏は記している(林えいだい『証言・樺太《サハリン》朝鮮人虐殺事件』二五七頁、風媒社、一九九一)。

(6) 前掲書。瑞穂村での一件に関しては同書第五章「瑞穂虐殺事件」(二二九～九七頁)を参照されたい。なお、『証言・樺太《サハリン》朝鮮人虐殺事件』は一九九一年九月に上梓されている。

版に要する全費用を支弁された。もし協会からの注文や、同協会が私の仕事に示された用意周到な配慮がなければ、小著は決して陽の目を見ることがなかったであろう。

執筆に取りかかった私は、そのすべてを、成人して幾久しい元生徒たちに向けて、授業で語るが如くに物語ることを決断する。私はさまざまな出来事を、自らが認識するがままに叙述し、突き止めることのできた解釈をそれらに与えた。それ以上ではない。

このような仕事は、無論、手厳しい読者を満足させぬであろう。しかし、それもまた結構。このテーマに対する関心を喚起するだけで良しとし、知的に怠惰でない方々や、異民族に対する敬意、他人の痛みに対する同情の念に満ち溢れる方々は、各位がそれぞれに、より深く研鑽を積まれたい。可能性は今や、際限なく開かれているからである。

一九九三年三月(7)

(7) 日付は、ガポネンコ氏に問い合わせて訳者が加筆した。原著の発行部数は一万部。なお内表紙の裏面には、スポンサーの「マック・ロス」社と同社のボリス・ミハイロヴィチ・スゥヒニン会長、並びにロシア連邦国家保安省の関係者に対する謝辞が銘記されている。

第1章　「スメルシュ[8]」執務に着手

日本人は今世紀最大の謎であり、最も不可解で最も矛盾に満ちた民族です。……。［西洋の］歴史書は、日本人を侵略的で残酷で復讐的な民族であると断定する一方で、経験に学んだ日本人は、謙虚で慈悲深く優しい民族であると検証しています。……。高潔なる黙想、俳諧《はいかい》に浸り、芸術を育成しながら人生の半分を過ごしてきた同じ人間が、人生の別な半分を快楽にうつつを抜かし、敵をばらばらに叩き切ったり、楽しそうにハラキリを見物したりします。

エリザ・シドモア『日本におけるリキシャの日々[9]』

気前のよい四月の太陽と春風が、戦後初めての冬の真岡を舐めるように包んでいた。今はソヴィエツカヤ

（8）一九四三年四月十四日の国防委員会決定により、ソ連国防人民委員部の管轄下に防諜機関総局「スメルシュ」（これは「スメルチ・シュピオナム」――「スパイたちへ死を」――という組織名の公式略称）が創設された。戦後の一九四六年五月、「スメルシュ」機関は特殊部署に改組されて、国家保安省の管轄下に入る。――原注

（9）エリザ・R・シドモア、外崎克久訳『シドモア日本紀行――明治の人力車ツアー』（講談社学術文庫）四五八～五九頁、講談社、二〇〇二。原典は Eliza Ruhamah Scidmore, *Jinrikisha Days in Japan*. New York - London: Harper & Brothers (1891) であるが、邦訳は一九〇二年刊の改訂版に拠っている。

通りと命名される中央通りはほとんど乾いていて、コレネフスキー少尉と同行者のカンは舗道を満足気に歩きだした。彼らはたった今、板張り小屋の集積の間や、狭い路地や袋小路に暗灰色の雪溜まりが横たわる、町の北部の貧民街を抜けてきたばかりだった。冬の間中、灰をそのまま雪の上に投げ捨て、汚水も垂れ流してきた。これらすべてが凝固して氷塊となるには、わずかな寒気が来るだけで十分だった。その氷塊が今や、上の方だけ少しずつ溶け出して、不快な臭気を放っている。そこの小さな中庭には下着を干す紐が何本も垂れ下がり、陽溜まりでは、顔の見分けがつかぬほど汚れまくった子供たちが遊んでいる。ある所で新しい焼跡に出喰わした――きっと最近火事があったのだろう――大鋸屑《おがくず》・藁屑・米の籾殻や、得体の知れない糸屑が今なおくすぶっている。そこからは鼻をつく重苦しい細煙が漂う。至る所にがらくた、雪の下からは古着らしきものが突き出し、そして汚れた窓が張出していた。

――何てこった《チョールト・ズナーイェト・シュトー》。ここの人たちは、どんな生活をしているんだ。

コレネフスキーは去年の晩秋に真岡に来たが、そのとき初雪が降って、生活の貧しさをすっぽりと覆い隠していった。町の異様さはコレネフスキーを驚かせたものの、彼はそれを軍隊式に受け止めた。勤務の辛さや欠乏に苦情を言うべからず、と。とはいえ、これらの臭気には身震いを禁じえなかった。

探していたあばら家を遂に見つける。カンは、中庭に彫像のように立ち尽くす老人に歩み寄って、確認すべく尋ねた。老人は強く身震いし、顔には微笑が走り、彼に向かって何度も頭を下げる。コレネフスキーは老人のお辞儀に、ある特徴を認めた。老人は腰を折り曲げるも、首を長く伸ばして、目は相手を見据えている。カンの質問に対して、老人は同じ文句を繰り返しながら、二度ほど頷いた。

――若妻と赤ん坊を連れた朝鮮人は、まさにここに住んでいる、と彼は言っています。彼らは良い人たちです、とても良い人たちです。……

コレネフスキーとカンは薄暗い玄関入口の間を通り抜けたが、そこには薪が積み上げてあり、隅には古家具らしきものもあったが、それは捨てようとして持ち出したものの、決断がつかなかったか、それとも忘れてしまったか、という風情だった。狭い廊下には窓が二つあり、一つは泥んこの中庭に、もう一つは内室に、それぞれ面している。廊下の壁には古新聞や古雑誌が貼ってあるが、幾つかの場所ではとても鮮明なページだったから、コレネフスキーは立ち止まって読みたくなる。壁板の継ぎ目では、壁紙の所々にひびが入っている。

カンはドアをノックし、内側へ開けて、数語を発した。コレネフスキーはただ挨拶だけは聞き取れたので、カンのあとに続けて繰り返す。

——コンニチヴァ！　こんにちは！

これは、コレネフスキーがまださしたる進歩もなく学習している露日会話帳から習得した、数少ない日本語である。敷居の足元には履物が立ち並び、床は清潔だったが塗装されてなく、擦り切れている。その先はやや高くなって畳が敷いてある。カンは軍靴を脱ぎ、コレネフスキーもそれに従う。コレネフスキーは訪問を予期していたから、ポルチャンキ(10)の代わりに靴下を履いてきた。

動顛した主婦は、中庭の老人と全く同じように、腰を折り曲げてお辞儀をする。察するに彼女は精々十九歳前後だったろうが、コレネフスキーの目にはずっと年上に映った。おそらく服装が老けて見せたのだろうが、彼女には若い将校の思い描く女らしさが微塵もない。その典型は、彼が連隊本部の役所の中でいつも目に触れ、手近な所にあったからだ。官製の軍服は、とてもじゃないが彼女には似合いそうになかった。

(10) 長靴を履く際、靴下代わりに足に巻く布切れの意。

カンは指示を受けたらしく、膝を崩して畳の上にしゃがんだ。コレネフスキーは中腰まではどうにか漕ぎつけたものの、日本式の正座はとても無理である。女は少し離れて立ち続けた。

——最初に、彼女には怖がらぬよう言ってくれ。われわれは善意で訪れたと説明し、われわれの質問にはきちんと答えねばならないと、彼女を説得してくれ。われわれがその筋の者だということも……。

女は聞き終わるや、おずおずとコレネフスキーに視線を走らせ、すぐに目を伏せた。

——彼女が瑞穂村から来て、もうどのくらい経つのか訊ねてくれ。村の人たちは皆、顔見知りなのか。最初の夫はどこにいるのか。

カンは質問を始める。女は簡潔に答え続けるも、恐ろしく怯え、顔が赤らんできた。

——夫について女は何も知らず、村民でよく知っているのは隣人たちだけ。ともかく彼女は、ひどく怯えています。

コレネフスキーは女との間に、言葉の壁のあるのがもどかしかった。戦争の最終年、彼は多くのドイツ軍捕虜の尋問に携わり、実践の中から一つの単純な手法を身につけた。尋問は、調書項目からでなく、彼の同情を被尋問者に示唆するような日常茶飯事から始めるのだ。会話が軌道に乗るや、捕虜は彼の職務的関心への移行に気づくこともなかった。だがコレネフスキーにとって、ここは全くの別世界、当面、取り付く島もなかった。しかるに、彼は自分の職業に付きものの執拗さを発揮することに決める。

——では、これを究明してみよう。彼女が疎開先から帰宅して、夫が見つからなかったとき、何をしたのか。そうだ、そうだ……。隣人たちに尋ねたろうが、村長の所にすら赴いたろう……。ストップ。夫を連行したのは誰だ?

——彼女は知りません。

――そのような知らせを彼女に伝えたのは誰だ？

――彼女は思い出せないと……。そうか、角田《カクタ》とかいう人物ですか。彼女に直接じゃなくて、誰か別人に伝えたのですね。

――そいつは誰だ？

――彼女はよく覚えてないが、栗山《クリヤマ》がそう言っていたとのこと。

――そうれ見よ、解明だ。その栗山とは何者だ？

と、そのとき、隣の部屋で赤ん坊が泣きだして、彼女はそちらへ駆けつける。おむつ臭が漂った。

――構わんぞ、話はぼちぼちだ――と、コレネフスキーは満足気に告げる。

彼女は部屋から出てくるや、一礼して、女の子は病気だから看病しなければ、と訴える。

――あ、了解、了解！――少尉は破顔一笑した。

――彼女のお嬢さんが早くよくなるよう祈るよ。確か「ゼンカイスル」だったかな。「全快する《ゼンカイスル》」ことを。

日本女性は彼の意図するところを察知し、お礼に何度も頭を下げた。

コレネフスキーは舗道に出ると立ち止まって、筒状に丸めたビロード布をポケットから取り出し、不妊牝牛革製の新品長靴を器用な手つきで拭った。カン通訳はさりげなく自分の靴や、肩章を外した軍外套を一瞥する。彼は今や民間人だが、単にほかの衣装がないため軍服を着用している。民政局体制下でも、[11]すべての人がそのような姿で闊歩していた。服地を入手できた数少ない果報者ですら、軍用ズボン《ガリフェー》[12]や、上蓋付き胸ポ

（11）ソ連政府は一九四六年二月、旧日本領（南樺太と千島列島）を一括して、ハバロフスク地方に帰属する南サハリン州を発足させ、行政機関として首都の豊原に民政局（局長はＤ・Ｎ・クリュウコフ）、地方には十四民政署を設置した。

ケットを備えた詰襟型軍服《ムンヂール》を自分用に仕立て、将校用ベルトを締めている。

二人は連れ立って町の南部を歩いたが、まず通りかかったのが長い空地――秋に猛威を振るった火事の焼跡――で、次に小商店・理髪店や、時計屋の傾きっぱなしのいが栗頭がガラス越しに見える小さな番屋の脇を通り過ぎて、最後には、窓という窓が舗道に向けて張り出している二階建て家屋の並びに辿りつく。上段の窓ガラスがブリキ板に換えられた窓々からは陶製煙突が、曲がり目を細梯子で支える形で突き出している。針金で梯子に括りつけられた煙突は、屋根より高く聳えていた。

――町の景観では最も醜い名所だ――と、コレネフスキーは毒づいた――果たして、例えばまともな暖炉を設置するとか、妙案を思い付けんものだろうか。

――もはや、ああしてすべて出来上がってしまってますからね。

――出来上がっとるとはいえ、わが町は毎日、火事に見舞われてるぞ。

町では、あちらこちらで、なかんずく夜毎には明るい焔の舌が舞い上がっていた。どんな家でも燃え尽きるまでに十~十五分と要しなかった。馬力頼みで出動する消防隊は、燃える家の消火はそっちのけで、隣家への延焼を阻止することにこれ努めるのだ。冬場に向けて軍人で消防隊が組織され、二両の消防自動車までも装備するものの、日本人消防団に先駆けて現場に到着した場合でも、燃えさかる家を救出する術はやはり皆無、という事態も少なくなかった。

破壊工作が疑われ続けた。民政局では、破壊工作者らが真岡ではのびのびと羽根を伸ばし過ぎる、と仄めかそうと試みたものの、役人らの方が臍《ほぞ》をかむ結果となる。捜査の結果は、出火原因の第一が失火・怠慢、さもなくば泥酔であったことが判明する。ありとあらゆる参謀部員・模範労働者・公務出張者・全権代表者・検査官・検察官、加えて水で割らない純アルコールの火酒を飲み過ごした輩までもが、紙巻きタバコを銜《くわ》えて分厚いマットレスに倒れ込んだあと、辛うじて下着姿で飛び出すようなことも、決して稀ではなかった。

防諜機関に関する限り、同機関は自らの業務を熟知し、市の軍事機密や保安施設のすべてを目敏く監視し、いかがわしい人物の集積箇所を観察し続けた。コレネフスキー自身も幾度となく、ある民間レストランに足を運んだ。それは鉄道駅からさほど遠くない所にあって、怠け者らを集結させていたが、彼らは酔っ払って喧嘩をすることも珍しくなかった。レストランの主人は酒を商い、一杯の盃で昼も夜も座り続ける、各種の襤褸《ぼろ》をまとう人々に酒を振舞った。どのような奉仕を求めて、彼はそれらの人々の面倒を見たのだろうか。そこで一人の日本人将校が雇われ、若干名の常連客に対して綿密な監視態勢が敷かれる。とどのつまり、このいかがわしい場所は二月に閉鎖となり、主人は厳しい譴責を受けた。

コレネフスキーとカンが通り過ぎて行く通りには、自前の生活があった。どこかでは兵士の小隊が道造りに励んでいる。ゆっくりとした足取りの駄馬が牽く二輪馬車に乗って、御者が通り過ぎる。荷馬車は空だったが後方へひどく傾斜していたから、御車席の日本人は体を強く折り曲げて座り、足と頭部がほぼ同じ高さだ。御者は進行方向に無頓着の風情で、どうやら馬はお決まりの道を走っているらしかった。一人の女が赤ん坊をおぶって、道をせかせかと横切りだす。ふたりの老人が通りのど真ん中で立ち止まって、鄭重なお辞儀を交わしあう。井戸掘りの一兵卒が威勢よくコレネフスキーへ挙手礼をして走り過ぎる。防寒用フェルト長靴を満載した「スチュードベーカー社製」軍用トラックが、けたたましく通り過ぎる。積荷の上には二人の兵士が重々しく鎮座し、運転室では曹長がふさふさの口髭を振り回している。部隊は五月一日のメーデー・パレードに向けて夏用制服への衣更えを急いでいたから、曹長は廃品を倉庫へ運ぶ途上だった。どっしり

---

(12) 乗馬ズボン型の、膝上までだぶだぶの軍用ズボン。

とした映画館ビルの周りに軍人たちが屯《たむろ》し、彼らの頭上には雲のようなタバコの煙が淀んでいる。看板は『ゲオルギー・サーキッゼ』と題する映画への来場を呼びかけていた。

民政局の長い二階建ビルの近くで、カンは足を止めた。

——暫く暇をいただけませんか。

コレネフスキーは通訳に手を差し出して握手し、左へ曲がった。警護下の鉄道踏切を渡ると右折して、彼は連隊本部の所在地の方へ上っていく。本部ビルからさほど遠くない所に平屋の建物があり、日本時代にはそこに日本軍有力者の一人が居住していた。そのことは、勤務棟の配置と格子窓が雄弁に物語っている。小屋の傍に歩哨は立っておらず、建物に看板も一切見当たらないものの、皆はこの小屋を努めて敬遠していた。ここには防諜機関「スメルシュ」の支部があったからである。この一語を聞いただけで、一番の口達者でも黙りこみ、へべれけの泥酔者は一瞬のうちに正気に返るのであった。

コレネフスキーは当直者の脇で立ち止まり身分証を取り出そうとしたが、顔なじみの当直者が頷いたので、少尉はそのまま、まず点灯された廊下を通過し、次いで鍵を差し込んで扉を開け、一つの小窓を備えた執務室に入る。部外者には、この部屋の主が従事する仕事の内容は全く窺い知れなかった。そこには、事務机一卓と三個の椅子——一脚は机の傍に、あとの二脚は壁際にあった——以外には何もない。机の上に書類は勿論、新聞も雑誌も書籍もなく、あるものと言えば、ただ何の変哲もないインクスタンドと鋭く削られた鉛筆二本だけ。部屋の一隅、ハンガーの脇には頑丈な金庫が置かれ、「火災時は最優先に持ち出すべし！」と記した紙が糊付けされていた。

コレネフスキーは外套を脱ぎ、オールバックの髪を撫でつけ、詰襟軍服を幅広のベルトで締め直し、ポケットから鍵を取り出して金庫の錠前に差込み、把手をガタガタと揺すり、屈《かが》み込んで一冊の薄いファイル・

ケースを取り出し、再び金庫を閉め、鍵を隠したのち、ようやく机に向かって着席した。

　このファイルをコレネフスキーに渡したのは、防諜機関支部長のゴラショフ少佐である。いまだ三月のことだった。そこには数通の書類――内幌《ナイホロ》村の炭鉱を訪れた通訳からの情報、軍政治局に宛てた報告のコピー、ある秘密諜報員からの情報、現地住民の指導に携わったある将校の報告書(13)――が収められている。対日戦前夜の中央アジアとカザフスタンでは、きちんとした教育を受け、綿密な審査を通過した朝鮮人たちが軍に動員された。彼らは短期講習を経て、将校の階級が授与され、さまざまな政治機関へ派遣された。当初、これらの将校は、ソ連における政治・経済・行政・労働・生活関係の本筋を朝鮮人や日本人に教示しえた唯一の人たちだった。また彼らを通じて逆情報も舞い込む。防諜機関にとっては、新政権に対する破壊工作の組織根拠地が、どこにどのような形で実在するか、を知ることが重要だった。日本人が退却する際に、深く秘匿された諜報網を残さぬことは、あるはずがなかった。さしあたり敵対的秘密諜報員の探索に捗々《はかばか》しい成果はなかったものの、ゴラショフ少佐が委託したこの一件は有望視された。なるほど、乏しい書類は今のところ具体的データを欠き、諸出来事の日付・名前・内容、そして各出来事の発生地を明記しておらず、すべては今後の究明を待たねばならなかったとはいえ、事実それ自体が職業的関心を喚起する。互いに全く未知のさまざまな人たちが、真岡支庁のどこかで、ソ連軍が進撃した昨（一九四五）年八月に、数家族の朝鮮人が日本の警察によって斬殺された、と主張しているからだ。

　コレネフスキーは机の引き出しから公用便箋を一枚取り出し、諸文書に記載された居住地点の名称を細字で書き出した。「瑞穂」という文字は楕円線で囲んだ。彼は冬に、この村に滞在する機会があったが、深雪と

(13) 林氏によると、この「将校」は「許鳳得高級中尉」のようである（林えいだい『証言・樺太《サハリン》朝鮮人虐殺事件』二八一～八四頁）。

刺すような静けさを別にすると、そこには何もなく、また一見して何もありえぬようであった。

コレネフスキーは小一時間ほど机に向かって、便箋と取り組む。彼は［各地名に］四角・丸・三角——さまざまな対象に条件付きで付された符号——を振りながら沈思黙考し、それらの間に想定可能な関係を細線で繋いでいく。定刻に、コレネフスキーはゴラショフの執務室へ入った。自説を述べながら、彼は次のように指摘する。


——瑞穂では、村の全存続期間にわたり、ただ鶏や猪だけを斬殺してきました。仮に朝鮮人たちが殺されたとしても、その場所は、水中で証拠隠滅を図り易い海辺のどこかでしょう。村の中じゃ人目がありますし……。今日われわれが出会った日本女性は、自分の夫がどこかへ連れ去られたと述べています。そのようなことはきっとあったのでしょう。村から連行して、人気のない渓谷のどこかで殺害することはありえたでしょう。しかもそれがなされたのは陸戦隊の上陸以前で、おそらくは、わが国が日本との戦争に突入した直後のことでしょう。日本の諜報機関は、わが国の軍隊の中に朝鮮人通訳がいることは、勿論、知っていたはずです。


——日本女性との面談では、どんな印象だね。

——差し当たっての印象は唯一つ、彼女はわれわれとの対話を死ぬほど恐れています。しかも、われわれというよりも、自らの身内の方をむしろ恐れています。

——そうか、つまり日本人たちがここに戻ってくるものとまだ信じているわけだ。われわれにとっては、彼らがここで乱暴を働いた事実の証明がより重要だな。この件に関して上部から電話があった。必要とあらば信頼できる者を差し向けるそうだ。時局の緊急性は考慮せねばなるまい。日本では近々、東京国際法廷で審議が始まり、主要な戦争犯罪人が裁かれようとしている。日本軍部の勘定書きに当地の温和な朝鮮人に対する制裁も書き込めることが判明するなら、この勘定でも彼らを告発してやろう……。君の計画をもっと詳しく検討しようじゃないか。

六月初頭になってようやく、コレネフスキーは最終取り調べに着手する。彼の執務室にはカン通訳と、まるで石のような粗野な顔付きながら皺がなくて、黒ずんだごつごつの両手の震えが目立つ、いが栗頭で猫背の熟年朝鮮人が座っている。

——彼には怖がらぬよう伝えてくれ——と、コレネフスキーは言った——彼に悪いようにはせぬから。

カンは自分の意見として、以下のようにコメントする。

——たくさんのことを体験しすぎて、怯えきっています。言うことを信じてもらえぬのではないか、と心配しているのです。

——調べた上で信じよう。話すように言ってくれ。

コレネフスキーは金庫から数葉の書類を取り出す。文書類の上端には「防諜機関《スメルシュ》極東第2戦線」との記載があり、下段には「尋問調書」という大型スタンプが捺してある。

——ではどうかな、アンケート調査の若干項目から始めるのは。彼は何者で、出身地・職業、家族構成は……。

件《くだん》の朝鮮人が話している間、コレネフスキーは彼をじっと見据えていたが、その後、カンの方へ頭を転じる。

——彼の氏名はユン・ヤンウォン、年齢六十一歳、朝鮮出身、農民、家族なし。

——家族なしだって、何ゆえだ。

——朝鮮では百姓をしていたが、自分の土地はなく、小作人として働いた。その後、こちらへの募集に応じて「カラフト」に至り、日本人に雇われて働いたとのこと。彼は小金を貯めることに成功し、「房子《ファンザ》」（農家）を購入して真岡の町外れに住みつく。四一年以降ここで野菜作りに従事している。当初は金がなく、妻を迎えるべき所もなかったから、結婚できなかった。その後は、この生活に慣れてしまった。

どうやら自分の人物へ向けられた将校の関心が朝鮮人を驚かせたらしく、彼は独り暮らしの習慣について、通訳に幾度となく繰り返した。

——結構、結構、もし彼がそうしたいのなら独りで暮らすがよい——と、コレネフスキーは微笑んだ——では、われわれが関心を有する一件について、話してもらおうか。

朝鮮人はさらに激昂して語り始め、手拭を取り出して、毬のようにまん丸な巨頭を拭いだした。

カンはそれを次のように翻訳する。

——彼によると、二月末、彼の目下就労する漁業事務所から派遣されて、牝牛の買い付けに瑞穂村へ赴いたと言う。彼には同村に親しい知人——朝鮮名はチェ・チョンファン——がいた。彼は友人を訪ねたのに、出迎えたのは朝鮮人の妻である日本女性、佐藤《サト》ミサコだけだった。旦那はどこにいるのか、と彼は尋ねた。女によると、夫は昨年八月に忽然と姿を消し、どこにいるのか、自分も知らないとのこと。剰《あまつさ》え、女は彼に向かって、どこかで夫を見かけなかったか、と訊ねさえもした。このような返事に、彼はもちろん吃驚《びっくり》したそうです。

——ひょっとして、夫はどさくさに紛れて、ただ妻の許から逃げ出しただけじゃないのか。

朝鮮人は猛然と反駁《はんばく》し、さらに熱気を募らせて続ける。

――わしらの間では女の独り暮らしなど、もっての外です。佐藤ミサコを別の朝鮮人の嫁に世話する人が出てきて、彼女はこちらへ、真岡に来た。結婚の約束が整ったとき、わし――ユン・ヤンウォンは指で自分の胸を指示した――は好機を捉えて差しで会い、彼女の旦那の居所をそれでもやはり訊ねた。旦那が生きているかも知れんのに、彼女はどうして嫁に行けようかってね。すると彼女は、夫が殺されたことを遂に認めたわけよ。ロシア軍が真岡に上陸した八月、瑞穂村の朝鮮人は、憲兵らの命令で全員が殺されたことを……。

――誰が殺したって。

――日本人たちです。

――どんな日本人だ。兵卒か、憲兵か、誰なんだ。

カンは［ユンの回答を次のように］翻訳した。

――彼は詳しくは知らないが、村人たち自らが手を下したらしいです。

――まさか。あそこの連中はならず者・殺人鬼・犯罪者ばかり、とでも言うのかね。あるいは、そのような残忍な国民とでも……。しかも誰かが命令を下し、指揮を執ったとでも……。

――ユン・ヤンウォンは詳しいことを知りません。おそらくは憲兵らが指揮を執ったのでしょう。佐藤ミサコが結婚に同意したのも、瑞穂を急いで離れることが目的だった、とユンは付け加えています。彼女は自分も殺されるのではないか、と怯えてました。

――まさか、そこまでやるかね。

――彼によると、瑞穂にはさらに懇意の知人である朝鮮人の山本《ヤマモト》もいたが、彼もやはり見付からぬとのこと。村長や旅館の亭主に訊ねるも、山本がどこへ消えたか知らぬ由。しかし、そんなことはありえない。もし山本がどこかへ引っ越したとするなら、真岡にある自分のあばら家は売却したはず。そこでは今や、たとえどんな家であれ、売り手市場なのだから、と。

——理に適う話だ。だがわれわれには、その佐藤ミサコが、夫の殺されたことをどこから知ったのか、を確かめることの方が重要だな。

ユン・ヤンウォンは答えたが、カンは彼に何かを確かめたあとで、問い質した。

——一件の次第は次の通りです。佐藤の家へ、アキコという名の隣家の娘が預けられました。男衆は家におらず、その娘は三日ほど滞在し、裁縫をしていました。アキコと佐藤ミサコは仲良くなり、親しい間柄となった。少女は黙っていることに耐えきれず、主婦から沈黙を守るとの言質《げんち》を取り付けたあとで、村の朝鮮人たちは全員が危険人物として、警察の命令とかで殺されたと語った。

——彼らのどこが危険だったのか。

——それは知りません。

調書を作成し、署名を済ませると、コレネフスキーはユン・ヤンウォンと通訳に別れの挨拶を述べ、彼らの通行証にサインした。そこでやおら、既成の人物相関図を取り出して、そこへ新しい名前を追記すると、報告のため少佐の許へ急いだ……。

これ以降の話は、記録文書に語らせよう。

クリヤマ・アキコの尋問調書から

証言者、栗山アキ子……一九二八年生まれ、瑞穂村在住（調書は一九四六年六月十三日、コレネフスキー少尉によって作成された）。

私が［避難先の］丘から帰宅したとき、村に朝鮮人の姿が見えないことに気付いた。あとになって、彼らが殺されたことを知った。そのときに知ったことは以下の通り。九月、私は草刈りに参加したが、たまたま女友達の三船タカコ《ミチユネ》と一緒になった。彼女は、私らが丘に避難したその日、村から銃声が聞こえたと語った。三船タカコはそれ以上のことを私に話さなかったが、私は考え込んだ。その後、父・栗山吉左衛門《キチザエモン》の家で、日本人清輔大助《キヨスケダイスケ》と私の父が、母のいる前で対話するのを聞いた。清輔は「朝鮮人が殺されちまったが、殺されなきゃよかったのに。間違いだった」と語った。父曰く「そうだ、朝鮮人は理由もなく殺された」。その後、清輔大助がもう一度、「村では、殺された朝鮮人についてあれほど色んな話があるのはなぜだ。ひょっとして、あんたが広めたのか」と、父に尋ねるのを耳にした。父は、誰にも喋っていない……と返答した。九月、わが家に角田東次郎《カクタチョジロ》が来て、殺された朝鮮人の話が蒸し返された。角田が「朝鮮人には何の咎《とが》もない、無意味な殺人で、悪いことをした」と言うのを聞いた。父は相槌を打ち、同じことを言った。その後、男らが立ち去ってから、私の母・栗山フミコは、角田東次郎が朝鮮人の夏川《ナツカヴァ》を殺したのは自分だとも言っていた、と告げた。また何日のことだったか覚えていないが、夏川がどのように殺されたかについても、母は語ってくれた。夏川はナイフで背中を刺され倒れても、「俺は、悪いことは何もしていない。もし俺が悪事を働いたのならば殺してくれ。だが、俺は無実だ」と角田に語りだした。角田は彼を殺害した……。加えて、私自身、朝鮮人夏川が殺される直前まで着用していた衣服を、角田が着ているのを見たことがある。私は夏川の妻佐藤ミサコに、このことを話した。彼女は、間違いなくそれは自分の夫、朝鮮人夏川の衣服だと語った。その後、佐藤ミサコは、日本人清輔大助の家に、自分の毛布二枚があるのを見たとも語った。

同じコレネフスキー少尉は一九四六年六月十五日、証言者オシネイ・イッショの尋問調書を「スメルシュ」

の便箋を用いて作成した。

証言者、オシネイ・イッショ……一九二八年、瑞穂村生まれ、港湾労働者。

私たちの家族は八月二十二日朝、豊栄村《トヨサカ》に避難した。夕刻になって、そこへ橋本《ハシモト》、細川《ホソカヴァ》の両家も合流した。八月二十三日にはさらに数家族が到着した。橋本澄吉《スミヨシ》は私に「日本が降伏したのは、朝鮮人の間にソ連のスパイがたくさんいるからだ。だから瑞穂村では朝鮮人が殺された」と密かに囁いた。橋本澄吉はさらに、自分も朝鮮人を殺し、細川博《ヒロシ》、角田東次郎、森下《モリシタ》——彼の名は不詳——もやはり手を下したと語った。何人の朝鮮人を殺害し、どこに埋めたかについて、橋本は語らず、私もあえて尋ねなかった。橋本はのちに、このことは誰にも口外せぬよう釘を刺した。

ユジノ・サハリンスク市の国家保安省捜査係ウルミン大尉と、国家保安省ホルムスク市支部捜査係オビダイェフ中尉は、証言者、ホンダ・ミヨコを尋問した。(14)

証言者、本田ミヨコ……一九二七年、瑞穂村生まれ、現在はホルムスク市在住(一九四六年六月三十日付尋問調書)。

問:どんな理由で、あなたはホルムスク市に来たのか。

答:瑞穂村に留まると身の危険があるため、私はホルムスクへ移転した。あちらでは私の夫が殺害され、自分の命に危険を覚えた。一九四五年六月、瑞穂村で朝鮮人・松下ジロに嫁いだ。八月二十一日あるいは二十二日、夫は朝鮮民族籍だったため殺された。そのとき、全部で三十人ほどの朝鮮人が殺害された。私の知る被害者は以下の通り——私の夫・松下ジロ二十九歳、私の姉・本田《ホンダ》ミサコの夫・夏川マサオ二十七歳、山本四十歳前後、山本の妻三十歳前後、そして山本夫婦の子供たち……、子供が何人いたのかは不詳。その他の被害者については承知せず。

問：朝鮮人殺害に直接関与したのは誰か。

答：すべての朝鮮人を一カ所に集めたのは警察官の石田《イセダ》、殺害に関わったのは角田東次郎、清輔大助、永井《ナガイ》幸《コ》太郎《タロ》、細川武《ホソカヴァタケシ》、千葉茂一《モイチ》、細川博《ヒロシ》といわれている。その他の人については承知せず。

問：あなたはどのようにして、夫や他の朝鮮人の殺害事実を知ったか。

答：私が帰宅すると、夫は不在であった。私の姉ミサコの夫もやはり不在だった。家の中は混乱を極め、寝具一点と夫のレインコート二着が見当たらなかった。夫を捜したが、どこにもいなかった。一九四五年八月二十六日頃の朝、角田東次郎がわが家に立ち寄り、私一人だけに、夫がすべての朝鮮人とともに憲兵に検束され、自動車で何処とも知れず連行されたと告げた。この日は、その後も細川博と森下キヨシが次々に来訪して、同じ話を繰り返した。角田は私に対し、誰にもまた何事も訊ねぬよう、誰にもまた何事も話さぬよう警告した。夫の死については、栗山アキコが教えてくれた。夫は彼女の父親・栗山吉左衛門の持ち畑で殺された。栗山アキ子は、私が夫の殺害をどこから聞いたかは、誰にも明かさぬよう懇願した。

国家保安省ホルムスク市支部長のゴラショフ少佐は同じ六月三十日、証言者・本田ミサコを尋問した。

私が瑞穂村を去ったのは、この村の住民らによって夫が殺されて以降、辛くて耐え難くなったからで

---

(14) 本田ミヨコは、前出の佐藤ミサコと姉妹関係にある。したがって、第七章に登場する「佐藤の娘たち」、「本田姉妹」と、同一人物である。この事実は、ガポネンコ氏にも問い合わせて確認した。古文書館資料によると、彼女らの両親のいずれかは朝鮮人のようである。

す。夫の殺害から一月後、私は赤ちゃんを出産、女の子だった。私は夫に対する愛　着《プリヴェルジェンノスチ》（原文のマ――K・G）が強かったから、そこに留まるのは苦痛だった……。加えて、浦島集落から瑞穂村への帰途に、二人の朝鮮人女性――母と娘だが、その苗字は不詳――が私らとは逆の、つまり山の方角へ歩いて行くのを、私はこの目で目撃した。彼女らの後ろには四人の日本人が付き添い、そのうちの十七歳前後の未成年者細川武と、やはり十七歳ぐらいの鈴木政義《スヅキ・マサヨシ》の二人は、顔見知りだった。彼らが女たちを、どこへ連れて行こうとしていたかは不明である。ただ覚えているのは、女たちが前で、日本人らは後ろにいたこと、彼らが朝鮮人女性を検束者として連行中であるのは一目瞭然だった。母と娘はおそらく、先述の日本人らによって殺されたのであろう。いずれにせよ、一九四六年五月まで瑞穂村に暮らしたが、これら朝鮮人女性は、もはや見かけることはなかった。

七月四日、ゴラショフ少佐の許へ遂に召喚されたのが、新政権によって一九四五年十月に瑞穂村村長職に任命されたスヅキ・ハルオである。調書は「鈴木ハルオ、一九一〇年生まれ、四国愛媛《エヒム》県宇摩《ウンマ》郡関《セキガヴァ》　川村出身、尋常高等小学校卒、既婚、三児あり」と記載している。

問：瑞穂村における朝鮮人殺害の組織者は誰か。

答：この設問には、正確に答えることができない。森下泰夫《ヤスオ》が組織者だったと想定される。彼は一九四五年、ソ連と日本の間で軍事行動が開始される以前に、軍を除隊して瑞穂村に帰郷している。日ソ開戦後、森下はわが家を訪ねてきて、われら日本人の間には、いつ何どきでもわれらをロシア人へ売り渡す懼《おそ》れのある朝鮮人があまた存在する、という見解を披瀝した。朝鮮人はわれらに対してスパイ行為を働くことが可能だから、彼らは必ずや殲滅《せんめつ》せねばならぬ、と。私はこの件で、事実上日本は既に敗北したのだから、現在はそのようなことを考えるには及ばぬ、と彼には回答した。森下泰夫は八月二十一日午前九〜十時頃、拙宅へ騎馬で乗りつけた。当時のわが家には、同じ瑞穂村のミタニ・ハルミとウメモト・ナグアノが滞在していた。森下は再び、われらの間にはロシア人の到来とともに、われらを裏切るような人たちがいると言明し、剰え、朝鮮人広山《ヒロヤマ》や彼の仲間たちの名までも槍玉に上げた。私は森下に、広山を断罪する事実があるかと訊ねた。森下の回答は以下の通り。即ち、そのような事実は当面ないが、赤軍の到着とともに事実は出来《しゅったい》可能であり、そもそも広山はソ連のスパイであるから、われらが家族の所在地をロシア人に売り渡すだろう、と。会話に同席したミタニ・ハルミとウメモト・ナグアノは、殺害を目論むべきではないという意見を支持した。

問：つまり、あなたは朝鮮人殺害を予め承知していたのか。

答：私は、森下が自分の計画を実行に移すとは夢にも思わなかった。

問：朝鮮人殺害を既成事実として、あなたへ最初に伝えたのは誰か。

答：初めて聞いたのはイマイ・ヒデオからだった。夕方六時頃わが家に来たイマイは、森下が朝鮮人殺害計画を実行したと告げた。詳細については語らなかった。八月二十二日の朝には、隣人の三船悦郎《ムフィネエツロ》が訪ねてきた。その時、わが家にはイマイ・ヒデオがいた。三船はわれらに、昨日つまり八月二十一日に銃声を聞かなかったかと問うた。われらは、聞かなかったと答えた。私とイマイは、昨日の銃声が朝鮮人処刑場で轟いたことを理解した。

第2章　死体発掘

忘られし骸の盛土に
「悲しみの草」生い茂り
草よ　汝は何を悲しむや⑮
（松尾）芭蕉

シューラ・ヴォロベイチク――軍籍簿では兵卒ヴォロビヨフと登録されている、戦勝の一九四五年秋季召集兵――は、戦闘ではないものの、やはりすこぶる重要な初任務を遂行すべく出発した。

並みの背丈で体格も人並みながら、筋肉質で頑丈・壮健そのもののヴォロベイチクは、十二歳から故郷シベリアの集団農場《コルホーズ》で働いた。厳しい軍務でもシューラは――目立つことを欲したから――頑張り続けた。猫かぶりはせず、教示されたり叩き込まれたものは何でも懸命に学び、暗赤色庇の軍帽を誇りに思い、あらゆる命令は軍規通りに、損得抜きで正確かつ時間内に遂行し、警備に立つ折りは警戒心を高め、書類検査に際しては厳正さを発揮した。にも拘らず、彼は農村青年の無邪気なヴォロベイチクであり続けた。そのあばた面は車輪のようにあくまで丸く、――時には不謹慎ともなりかねない、口元から耳に達する――大口の笑顔も元のままだった。彼にとって勤務は興味津々だったが、不気味でもあった。

ズープ曹長は彼を、ペペリャイェフ兵長や兵卒スヴィストゥンとともに同行させた。まず「スチュードベーカー社製」有蓋トラックで軍検察部へ赴き、次いで町外れの、高壁の奥にある監獄へ向かった。監獄からは、ズープが警備兵を従えた同行者とともに、一人の日本人を連れて出てきた。ヴォロベイチクはその日本人を食い入るように見つめた。彼にとって犯罪者とは、その顔に、まさに悪魔の刻印すら押されているという意味で、特殊な人たちにほかならなかった。映画にスパイや破壊工作者らが登場するとき、それら「人民の敵」は悪党面や、不気味な薄笑いや、胡散臭そうな目つきで、直ちにそれと察知できた。その日本人は背が低くて、ズープと並ぶと、まるで少年のように見えた。彼の顔で際立つのは、扁平な鼻と、まるで子供のような印象を与える、下唇をやや突出させた分厚い唇だった。犯罪者らは必ず、額越しにじろりと眺め、悪意の眼差しを投げかけるはずだったが、その日本人はおとなしく、命ぜられた車台の片隅に何とか収まって、石のように不動の姿勢で座っていた。

検察部での待機は長引いた。車台を覆うテント布は、ロガノフ陸軍大尉の到着までに太陽の日差しで十分に熱せられた。大尉は車台を一瞥して、脇に立つズープに訊ねた。

——ここだな。

——はい、そうであります。

——出発だ。

よそから来た上官の搭乗する「ウイリス社製」小型ジープが先導し、「スチュードベーカー社製」トラックの後ろには、ほこりを吸い込まぬだけのかなりな間隔を置いて、二台目のジープが続いた。ヴォロベイチクはその車内に、見知らぬ少尉の通訳と、ずんぐりしたにきび面の中尉を認めた。

---

(15) 元歌は、芭蕉の句「夏草や　兵どもが　夢の跡」と忖度される。

ズープ曹長は運転室に座り、車台では日本人と並んでペペリャイェフが、真向かいにスヴィストゥンがそれぞれ座したが、ヴォロベイチクはやや離れた隅っこに座を占めた。彼は常時日本人を横目で睨みながら、両膝の間に自動小銃を構えていた。政治学習では一度ならず、極東における戦争での最近の敵の、狡猾《こうかつ》さについて警告を受けてきた。彼は今でこそ猫をかぶっておとなしいが、突如跳び上がって、ペペリャイェフから自動小銃を奪うや、次々と打ち噛まして――逃亡するやも知れぬ。「スチュードベーカー」がエンジン音を急に高め、車両が急坂を登りだしてエンジンがしゃっくりを始めると、ヴォロベイチクは格別に緊張して身構える。車台壁の開口部を通して、険しい急斜面には重苦しい蝦夷松がもろに垂れ下がり、その合間には、ぎごちなく枝を広げる白樺の大樹が点在する様子が垣間見える。逮捕者はそこへ、きっと逃げ込むはずだ。

だが、彼は微動だにせず依然として不動の姿勢を守り、山々や森は静まり返っていた。ペペリャイェフとスヴィストゥンの自動小銃はそれぞれの胸元に懸かっていた。彼らから武器を奪うのは、さほど容易ではあるまい。ペペリャイェフは一年半戦場で戦って、メダル四個を獲得している。スヴィストゥンは従軍して三年目だ。このような男らから素手で奪うのは無謀というもの。それにヴォロベイチクの場合は、やってみてごろうぜよ、忽ち罰が当たるだろう。

車両は間もなく下り坂に差しかかり、ハンノキや灌木性柳の深い茂みに沿って、橋から橋へと蛇行しながら駆け抜けて、程なく小集落に到着する。そこには給水塔の櫓《やぐら》が立ち、薄汚れた蒸気機関車が線路上に煙を吐いていた。その後は再び、さほど大きくない丘を登っていく。丘の頂きからは、一瞬のうちに、谷間と、雲一つない八月の蜃気楼に浮かぶ青い峰々への眺望が開けた。

その先の道は、ちらほらと小家屋の点在する谷間へ延び、過半の家屋は、わが国のものとは違って、四辺形のようなブリキ片を斜交《はすか》いに並べたトタン葺きで、ほとんどの家では幾分離れた所に玩具のようなサイロ塔が立っている。ある家の窓辺に、ヴォロベイチクは日本人の子供たちの姿を認める。彼らはその顔を窓ガラスに押しつけて、通過する車列に見入っていた。

三軒目の家を過ぎたところで車両が速度を緩めると、馬を操るロシア人の声が聞こえた。擦れ違ったあと、兵士が見出したのは、荷馬車で干し草を運ぶ男たち《ムジーク》と、木製熊手を肩に担ぐ数人の女で、彼女らは日焼け防止用に白いスカーフで顔を覆っている。これはきっと、サハリンの先住移住者たちだったろう。ヴォロベイチクは勿体ぶって、彼らの頭から爪先まで検分していたが、一人の女——若いのか、年寄りなのか見当すらつかなかった——が彼に手を振ると、彼も大口を開けて微笑み、お返しに、女へ向けてやはり手を振る。次いで、同行者らや日本人をちらっと振り返って、このような非常時における自らの軽挙を恥じた。

遂に全車両が停車した。先頭部で話し声がして、ズープ曹長が運転室から降りてくる。

——どんな気分だな。えらく揺れたかね。荷物を持って下車し、足を伸ばせ。そうだ、此奴《こやつ》にも——と顎をしゃくった——用を足させねばなるまい。ペペリャイェフ、お前が付き添ってやれ。

ヴォロベイチクが最初に飛び降りて、自動小銃を肩に懸けた。

先導車「ウイリス」の脇で将校たちが煙草をくゆらせている。ロガノフ大尉の前には、村長とおぼしき一人の日本人が直立不動で立っている。痩身の村長は、小柱の如く屹立し、緊張の面持ちで、掌を広げた両手を腰に当てていた。

ヴォロベイチクは自分だけで、この旅の先任官が、長身で均整の取れた掛け値なしの美丈夫である、われらのロガノフ大尉であることを、満足気に認める。ハバロフスクから飛来した少佐たちの方は、彼の気に入らないというより、およそ魅力に欠けていた。一人は眼鏡をかけた口の広い男、今一人は軍帽を脱いで、広大な禿頭を大ハンカチで拭っている太鼓腹、三人目は前屈みとなって、あたかも何かを探すかのように地面を凝視している。

ペペリャイェフ兵長は逮捕された日本人に、ジェスチャーを駆使して、銃を構えているから、安全装置はいつでも外せるぞと説明する。日本人は頷いた。彼は文字通り数歩離れた路端に立ち、衆目の視界内で小用を足した。彼らの方を誰も見ていなかったとはいえ、ヴォロベイチクは何となく居心地が悪くなる。たとえどんな人間であれ、自動小銃を突きつけて小用を強いるのは、自尊心を傷つける、感心できぬ行為だった。

日本人が向き直ったとき、ヴォロベイチクと目が合った。兵卒は顔を顰《しか》めて、銃を強く握り締めた。

――ペペリャイェフ――と、大尉は呼びかける――逮捕者を連れてこい。

ヴォロベイチクには、大尉が日本人に何を訊ね、どのように通訳されたかは聞き取れなかった。日本人は、赤茶けた断崖の点在する小高い丘陵の方を手で示した。ロガノフは自分の「ウイリス」車に村長を乗せると、号令をかけた。

――全員、車両へ戻れ。

間もなく狭い田舎道に入ると、まるで手探りするかの如き低速走行に転ずる。両側に展開するのは、灌木林、密生する燕麦畠、開花期を夙《つと》に過ぎて暗緑色を呈する馬鈴薯畑で、あちらこちらでは収穫されたイネ科植物の切り株が白く点在する。ある場所でヴォロベイチクは、広大な耕地に作付けられた作物を甜菜《てんさい》と判定する。すこぶる浅い川底の川に架かる橋が、車輪の下でミシミシと音を立てる。

四キロほど走ったのちに停車した。ヴォロベイチクは飛び降りて、ぐるりと見渡す。左右の両側には、急峻ながらもあまり高くない山並みが迫る。道のすぐ脇には小さな小川が流れている。その上を暖気流が、遠くから渓谷伝いに流れてきた。

――何と素晴らしい日差しだ、同志諸君。何という贅沢――と、太っちょの少佐が感嘆の声を上げる――

これはむろんアムール川じゃないが、気分一新は可能だ。

彼は、誰かが自分の歓喜に同調してくれるかどうかにはお構いなく、軍靴を脱ぎ、白亜麻のポルチャンキを外し、軍用ズボンの組紐を解き、ズボンの裾をたくし上げた。

――だが、水はまだ冷たいぞ。

ヴォロベイチクはそれに反発を覚える。全員は少佐が水遊びに堪能するのを、立って待ち続けた。

しかし、待っていたものが、実は少佐ではないことが判明する。そこに忽然と現れたのが、村長と五人の日本人である。彼らは普段着姿だったが、すこぶる明白な暑さにも拘らず、ジャケットのボタンはすべて、きちんと留めてある。彼らは手に手に短い柄のスコップを携えていた。彼らはかなり遠くで立ち止まり、何度かお辞儀を繰り返す。村長だけがロガノフの許までやって来た。

――立会人たちが到着しました。

逮捕者は、埋葬場所まで案内するよう命ぜられる。日本人は、ペペリャイェフとスヴィストゥンに付き添われて四〇メートルほど道なりに進んだあと、立ち止まって、手で左方を指し示した。

――何だと。そこまで歩いて行くのだ――と、ペペリャイェフは命じた。

日本人はエンドウ豆を播種した畑地へ向かって進み、そこを通り過ぎた所で止まる。野菜畑が終わると、そこからは雑草の天国。雑草からは何かの刺激性花粉が飛散し、そのためヴォロベイチクは鼻腔がむず痒くなった。その他の人たちも、か細い茎を踏みしだきながら到来し、吃驚して叫ぶ。

――こんなに密生した雑草の中で、何が見つけられようか。

だが、日本人は二つの小丘の間に見出される顕著な窪地を指し示した。少尉は鉄棒を軽く刺した。

――脆い土壌だ。

――ここ一帯の整地を始めよ――大尉が命令した。

村長は通訳の許を離れると、日本人たちへ何かを告げた。彼らは一カ所にスコップを集めて、一気に雑草を除去した。

――グーロフ少尉、位置を確認せよ。

ヴォロベイチクは悪い予感に襲われ、心臓にも既に不快な締めつけを覚えたが、軍人らも、また日本人らも、その顔は平静だった。

――われわれの現在地は――と、グーロフは報告する――小川の右岸から三〇メートル。川の名前は、ってか。浦島川の右岸からだ。左方の孤立した廃屋までが二〇メートル、田舎道までは一〇メートル。作業に着手してもよいか。

――着手せよ。本人に掘らせるのだ。

村長は、立会人の一人から、先端に小さな横なりの握りのある、やや湾曲した柄の付いたスコップを取り上げると、逮捕者へ手渡す。当の本人は、あたかも何から始めるべきか判らぬかのように、おろおろと歩きだした。

静寂が支配する。ヴォロベイチクは息を潜める。スコップが小石に触れて鈍い音がすると、兵卒は震えあがった。

「そうだ、ちっとも怖くはないぞ――と自らを鼓舞しつつ――断固として耐えなくちゃならぬ……」と、彼は自戒する。

逮捕者は、多くの視線が交差する中で身を固くして、のろのろと掘っていたものの、彼のこめかみからは大粒の汗がどっと噴き出した。

「やはり、奴も怖いのだ」と、ヴォロベイチクは推断した。

わずかな深さの所で、泥まみれの白い物体がちらっと見えた。ロガノフは命令を発する。

――掘り方やめい。グーロフ少尉、ここからはお前の隊が担当だ。

件の日本人は、掘り上げた盛土にスコップを突き刺した。彼の両手がぶるぶる震えているのに、皆は改めて気づいた。

そこでは烏の群れも、絶叫を始める。掘り起こしがいまだ始まらぬうちから、黒い烏の群れが人々の後を追って飛来し、楡の老木や葉のない白樺の孤樹の乾いた枝に既に陣取って、彼方から此方へと渡りながら谷間の上を滑空し、気だるそうに翼を振り回し、くぐもった声で互いに鳴き交わしている。

突如として、烏どもは大群で現れて、けたたましく大声で鳴き始め、低空まで降下するようになり、棒で打ち落とすことが可能なほど、地表すれすれまで急降下してきた。

――ほれ、奴らは、畜生め、もう臭ぎつけてやがる――と、ペペリャイェフは言った。

――おい、ズープ、奴らを嚇してやれ――と、ロガノフが命令した。

ズープ軍曹はスヴィストゥンに顎で合図する。

――一発ぶちかませ。

スヴィストゥンは、銃の遊底を正確かつ軽やかに移動させ、右足をつつと後ろに引き、銃身をさっと動かして、一瞬、踏ん張る。小銃の発射音は大音響で轟き、その反響は波のように谷間にこだまし、驚愕した烏の群れは、それに絶叫で応えた。烏どもは一斉に舞い上がって、よりけたたましく叫びだし、右往左往し始める。その一羽は黒っぽい雑巾のように、ハンノキと柳の枝の狭間に落下したとはいえ、残りの烏どもは一向に飛び去る気配がなく、やや距離を広げるのみで、ほど遠からぬ家の屋根や枝々に屯して、人間たちを苛つかせ続けた。

ヴォロベイチクは、自分に射撃命令が下らなかったのが口惜しく、限界に達しつつあった心の澱を一掃すべく、せめて一度でも撃ちたかったのだ。

少尉はゴム手袋をはめて穴の縁まで足を運び、さらに幾度かスコップで土の排除を試み、手を入れて土中をまさぐる中で、突如、赤ん坊の遺骸を一気に取り上げる。土中の遺骸は四肢とも進展状態、のけ反って眼《がん》窩《か》ばかりが目立つ頭部は黒変して正視に耐えず、やはり木偶《でく》さながらに硬直している。

――それ、受け取ってくれ。

立会人の一人として至近の位置に立つ初老の日本人が、遺骸の受け取りを余儀なくされる。彼はどうやら気の進まぬ風情だったが、コチコチに緊張して両手を差し伸べ、遺骸を受け取った。

――ほら、ここに置け――と、彼に指示が飛んだ。

その日本人が丁重に安置するや否や、少尉がもう一体の小遺骸を穴から取り出す。

メガネをかけた少佐は、自分の野戦用リュックを開き、道具一式、液体入りの小細首ビン、手袋を取り出した。彼は第一の遺骸の許に歩み寄り、半ば腐敗した着衣をさっと切り開いて告げる。

――男の子だ。

少佐は次いで、顔部・身体部、頭部の皮膚をピンセットで触診しつつ、すぐ脇で膝の上に野戦用リュックを載せて待機する中尉を相手に、口述筆記を始める。

――頭蓋骨に頭蓋腔へ達する二個の貫通性損傷あり。胸郭は破壊……。尊敬する委員会と立会人の諸氏に確認を願いたい。

立会人らがおずおず近づいてゆくと、距離を置いた脇から太っちょの少佐が、そそくさと声を上げた。

――確認。確認。

少佐は口述を続ける。

――二号遺骸は女性、身長一二五センチ、推定年齢八～十歳、皮膚・筋肉組織は崩壊段階……。

ヴォロベイチクには、粘着性濃厚臭が抑えがたい悪臭の塊となって、自分を襲ってくるように感ぜられた。この悪臭には抗いようがない。息苦しくなる。下の方から、体の奥深くから、不快で背信的な吐き気が蛇のような痙攣として込み上げてきて、大量の吐瀉物が口や鼻孔から噴出した。切羽詰まったヴォロベイチクは、小川を目指して走る。彼は軍帽を飛ばし、銃を引きずってゆく中で、自らはひっきりなしに体を半分に折り曲げ、転倒する。

彼はざぶざぶと小川に踏み込み、顔を水に漬け、幾度となく唾を吐き、鼻をかんだ。両手を砂でこすり、顔を洗ったものの、いまだ皮膚には、ねとねとするものが何か残っているように感ぜられた。

人心地が付くと、彼は再び墓場へ向けて恐る恐る歩き出した。ヴォロベイチクには誰も注意を払わなかった。軍帽を拾い上げると、自らを励ましつつ近づいていく。少佐は口述を続けていた。

――最後の六号遺骸は、成人女性……。

少佐は遺骸の着衣を切り裂き、胸・腹・腰を露出させた。ヴォロベイチクは恥ずかしくなる。彼は生まれて初めて、青い両脚の間の黒いデルタ、石のように硬くなった乳首を見た。男たちが、何らかの斑点で覆われた無防備な女体と、不格好に捻じ曲げられたその左手を眺める構図には、何かよろしくないものがあった。

――頭蓋部の側頭骨局部に刀剣性創傷、頸部二カ所に刺突傷《しとつ》――と、少佐は続けた。

ヴォロベイチクは再び気分が悪くなって、現場をあとにした。

死体の検証は間もなく終わり、ロガノフが命令する。

――ここにいる村民の皆さんは、穴を掘って遺骸を埋葬すること。これは皆さんの良心に委ねる。立会人の諸君は文書に署名されたい。

委員会の委員たちと警備隊員は車両へと急行した。

遺骸を検屍した少佐は、川辺で石鹸を使って入念に手を洗い、顔を漱《すす》いだ。禿頭の少佐は再び、足のポルチャンキをほどいた。ズープもやはり腰まで脱衣して、長いこと水浴びを続ける。その後、スヴィストゥンとペペリャイェフが川辺へ赴いたが、ヴォロベイチクは、正座して不動の姿勢で地面を見つめる日本人の、見張りを務めた。

ズープがスヴィストゥンに命じた。

――奴も連れて行け。洗面させるがよい。

スヴィストゥンは自動小銃を胸もとの正位置に構えてから、日本人に石鹸を渡した。人々が遠ざかるや、ヴォロベイチクは小声で訊ねる。

――彼がこの人たちを……。

――奴が、ということらしい。取り調べ中だ。

ズープは胸のポケットから二つ折の書類を取り出して、読み上げる。

――細川武、一九二八年の生まれ。

――奴は何のために、彼らを殺害したのでしょうか。

――彼は、あほな奴め、自分でもおそらく、何のためか知らなんだろう。この件については政治部長代理に聞くがよい。彼はすらすらと詳述してくれるだろう。この若造に銃殺という最高刑が約束されていることは、もはや間違いない。このような罪状だから、きっと死刑だ。

「ウイリス」車内では、にきび面の中尉がタイプライターを打ち、ロガノフ大尉は口述していた。

——国家保安省南サハリン州行政局長・親衛隊大佐イェリセイェフ同志の一九四六年八月八日付指令にもとづき、極東軍管区法医学主任鑑定官・親衛隊医療班グトコフ少佐、内務省行政局科学技術鑑定官・グーロフ少尉、国家保安省南サハリン州行政局訴追部長・ロガノフ陸軍大尉、極東軍管区軍検事補・チャポフスキー親衛隊少佐、国家保安省ハバロフスク地方行政局訴追部次長・ウラジーミロフ少佐、国家保安省南サハリン州行政局通訳・フトルゥシン、ならびにホルムスク地区瑞穂村立会人チェッポ・イチゾ、同マナベ・タカマサ（一九〇五年生まれ）、同サト・キンゾ（一八八二年生まれ）、同スズキ・シンチャロ（一九二九年生まれ）、同アナベ・ヒコジ（一九〇八年生まれ）で構成される委員会は、ホルムスク地区瑞穂村近郊にて、一九四五年に殺害された朝鮮人らの遺骸が埋められたと推定される穴の、発掘を実施せねばならない。場所は日本人細川武（一九二八年生まれ）によって指示された。

委員会は現地時間十四時、発掘作業に着手する……。

村長とやって来た立会人らは、釘付けとなって、タイプライターから発せられる機関銃的連打音に耳を傾ける。通訳が読み上げる内容を、やはり黙って聴き終えると、各自の姓の欄に漢字で順々に署名していく。やや離れた所に、初老の日本人がぽつんと佇んでいた。将校の一人から向けられた注視に応えて、彼は頭を深く下げた。

——彼が何を求めているのか、村長に尋ねよ——と、ロガノフは通訳に命じた。

村長はてきぱきと陳述し、通訳が翻訳する。

——この日本人は逮捕者に、食物と下着を渡す許可を求めています。これは彼の息子なのです。

——まことに興味深い——と、大尉は叫んだ——さあ、彼をここに連れて来なさい。

その日本人は、自分の願いを訴えるべき相手を、自らで判断する。彼はロガノフに深々と頭を下げて、何かを話しだした。

――彼は、目をかけて下さった上官殿に感謝しています。息子への差し入れを願い出ているのです。

――ズープ、逮捕者をここへ。

居合わせた全員の視線が、今にも実現しようとしている対面に集まる。禿頭の少佐は、小川の岸辺でそそくさと靴を履いた。

息子は立ち止まって、父親に一礼する。彼は一語も発さず、目も上げなかった。父親も黙って礼を返した。

――ズープ曹長、差し入れ品の内容を検査せよ。

ズープは老人から風呂敷包みを受け取ると、それを開いて、折りたたみ式ナイフで何かを突いてみた。

――禁制品は見当たりません。

――よかろう、渡してやれ。今度は私から質問する。細川武もやはり、あなたの息子か。

翻訳を聞き終わる前に、老人は頷いて同意し、息子の名前を数回繰り返した。

――そうか。息子が二人とも殺人者となったわけだが、子供をどのように育てたのか、説明させせよ。遺骸を掘り出すべくこの地を訪れるのも、これで三度だ。あなたの息子らがここで流血事件を起こしたからだ。

その日本人は通訳の翻訳を慎重に聞き終えると、天を仰ぎながら長いこと、およそ二分間も考え込んだ。遂に、言葉に詰まりながらも話しだす。通訳は、日本人の話の骨子を了解する印として、頭を振って頷いていた。

――彼は自分の息子たちを正しく育てたが、朝鮮人を殺害せよとの命令が、当局から出された。もしそのような命令がなかったら、彼の息子らが悪に手を染めるようなことは、決してなかったであろう。

——ふむ、そのような歌詞は既に耳にしている。では、実の父親を切り殺せという命令が出されたとしたら、彼らは父親でも切り殺すことになるな。勝手にせい、彼が何を望んでいるのか、考えるように伝えろ。彼が自分の息子に何を言っておきたいか、訊ねよ。

その日本人は再度話し始めた。息子は、一瞬、視線を起こした。

——息子が取り調べで真実を述べるよう、言って聞かせる。

——模範的だな。息子は、父親に告げたいことがあるかな。

若い日本人は、小声で数語を口にする。

——父は、語るべきことを承知していないのです。

——それまでだ——と、ロガノフ大尉は総括した——叙情部は幕引きだ、心理実験不成功。通訳、われわれを代表して、村長と立会人に礼を述べてくれ。出発だ。

ヴォロベイチクは車台の自席に戻った。彼は、前と同じ姿勢で座る日本人を見つめる。変わったところと言えば、ただ小さな風呂敷包みのみ。「その包みは、なぜ彼に与えられたのだろう——と、ヴォロベイチクは考えた——間もなく銃殺というのに、彼に清潔な下着がなぜ必要か。それにしても若過ぎないか、彼は俺よりも若い。裁判、そしてその後の死を控えて、彼は今や何を考えるのだろうか」

車台内は、ユジノ・サハリンスクに到着するまで、静まり返っていた。

結論

穴から掘り出された六体の遺骸の検屍に際して入手されたデータにもとづき、取り調べで提起された諸問題に答えつつ、本官は以下の結論に到達する。

一、六体の遺骸はすべて同時に殺害された。遺骸の腐敗過程の同質性が、その事実を立証する。上記六遺骸の殺害時期は、十~十一カ月以上を遡らず、つまり、殺害は一九四五年八月に実行されたと推定すべきである。

二、検屍に供された全遺骸の骨に認められる多数の骨折、ならびに遺体に見出される多数の傷跡に鑑み、殺害で使用された武器は、鈍器・刺突具・刀剣類……である。すべての殺害は残虐行為の性格を帯びている。

三、……遺骸は、埋葬に際して一切の法規遵守なしに埋められた。即ち、殺害された遺骸は、犯罪の痕跡を隠蔽する目的で、穴の中へ投棄された。

極東軍管区法医学主任鑑定官・医療班親衛隊少佐

グトコフ

第３章　瑞穂村と、その若干の住民たち

山並浅くに身を潜める
われらが隠所
われらが隠所は
山並浅くに身を潜めるも
心の思いは
秘匿されし深奥部をさまよう(16)

観阿弥清次《カイナミ・キヨツグ》『卒都婆小町《グロブニーツァ・コマチ》』より

およそ三十年前、私がチャプラノヴァ（旧二股）村で教師をしていた頃、隣人や友人らと語らって遠くの渓谷へ魚釣りと休息に赴いた。

地上のどこかに極楽の一隅を探すとしたら、ここここそまさにそれだ。切り立った山々を連ねる快適な谷間

(16) ガポネンコ氏はこの題詞を、「卒都婆小町」のロシア語版（Каннами Киёцугу(?), "Гробница Комати (перевод В. Сановича)," в кн.: *Ночная песня погонщика Ёсаку из Тамба : японская классическая драма XIV-XV и XVIII веков*, стр. 33, Москва : Художественная литература, 1989）から転載されたものと忖度する。原典では「〈次第〉山は浅きに隠れ処の、山は浅きに隠れ処の、深きや心なるらん」（観阿弥清次、小山弘志・佐藤喜久雄・佐藤健一郎校注・訳「卒都婆小町」〔『近松門左衛門集』（二）〔日本古典文学全集34〕七三頁、小学館、一九五五〕）と、当該曲の冒頭に掲げられている。

は、清浄な空気や、ふんだんに降り注ぐ陽光、やさしい静寂で満たされ、静寂を乱すものといえばわずかに小鳥の囀り、そして小川のせせらぎや草叢のざわめきのみ。谷間に展開する大四辺形は、鬱蒼と茂る落葉松が整然と立ち並ぶ樹列で構成されている。そこへ通じる小径も、とうの昔に草叢に隠れて見分け難い。これらの植林が谷を飾り立てる様は、あたかも宝石の縁飾りのようだ。

――こんな所にも、人は暮らしていたのか。

――勿論だ。ここにはある日本人の屋敷があった――と、先住ロシア人の隣人から声が上がる――この辺じゃ至る所に、そのような屋敷地が見出される。所構わず樹木を伐採していたのに、痕跡すら残っていない――と、付け加えた。

――ほれ見よ、何という鋭い選定眼だろう。見渡す限り、美のオンパレードだ。

――優良地であることに議論の余地はない。だが、電気なしでのここの冬はどうだろうか。また泥濘の季節には……。子供たちはここから学校へ通い、主人は村へ出向かねばならなかったことも、忘れちゃなるまい。

私たちはそのとき、かつての屋敷地を見分しながら、人生は如何に移ろい易く、しかも迅速に過ぎさるものであるか、に思いを馳せた。一世代も経過せぬ間に、すべてが見分けのつかぬまでに変貌を遂げた事実を、ここで目の当たりにするとは……。

かくて、もはや正確な年と日付の記憶は定かでないが、私たちは七月のある日、もし当日の推定が誤っていなければ、瑞穂村の外れ、その北部にいたわけだ。

今ではポジャルスコエ（旧浦島）と称されるこの集落には、二本の短い街路があって、およそ二百人の住民が暮らしている。「チャプラノフスキー国営農場《ソフホーズ》」の酪農労働者のうち、今や老齢期を迎えた男女は、集団《コル》農場《ホーズ》「ノーヴァヤ・ジーズニ（新生活）」で就業経歴を開始したものの、その後は年金受給年齢まで同国営農場の支部で就労して、かつては高搾乳量と仲睦まじく組織された優秀労働の農場として称賛されたこともある。

ところで、われわれが記述する諸事件当時の瑞穂村は、無論「カラフト」の尺度によるとはいえ中々のもので、世帯数も二五〇を数えた。この数字は、ある証人陳述で言及されたものにほかならない。なるほど、わが国の先住ロシア人の間には、これに疑義を差し挟む者もいる。しからば、ちょっと検証してみよう。「二《フト》股《マタ》」、「逢坂《オサカ》」、「清水《シミヅ》」――現在の「チャプラノヴォ」、「ピャチレチエ」、「チストヴォドノエ」に該当する――には一九四六年当時、七五三世帯が在住していた。(17) 村の総人口は、およそ四千人だった。集計は、わが国の専門家が日本人の大量引揚げに先立って、［ロシア人］移住者の到来以前に行っている。

瑞穂村は多住民を擁する村落であり、そこでは千人以上が生活していた。当然、一戸当たり児童数の多さも勘案せねばならぬが、これについては、本章の末尾に言及されている住民の各項を参照されたい。

間接的ながら、ある文書が重要な示唆をわれわれに与える。私の手許には、赤軍参謀本部が一九四五年に印刷した一枚の地図がある。ミハイル・ミロノヴィチ・テチュウシュキン退役中佐から頂戴したものだ。顕著な戦闘経験を有する歩兵連隊指揮官だった同中佐は一九四五年二月、突如、前線から召喚されて第一一三独立歩兵旅団へ転属となり、戦闘部隊指揮官付副官に任ぜられた。旅団は当初、満洲国境近くに配備されたが、次いでダッタ湾岸へ移駐となり、そこでの強化演習は新任務を見出した。同旅団の幾つかの分隊は八月

(17) 真岡支庁真岡郡に設置された清水行政村を指すと忖度される。同行政村は逢坂、二股、清水の三「大字」からなり、瑞穂は大字清水内の「字」であった（注2参照）。ガポネンコ氏によると、「瑞穂本村」は日本人が引き揚げたあと廃村となり、現在も無住の荒地であるという。したがって、対応するロシア名は設定されていないらしい。

十八日、輸送艦に分乗して移動、八月二十日払暁には陸戦隊として真岡港に上陸した。町の占領と峠の攻略で指揮を執ったのが、豪胆なエム・テチュウシュキン中佐にほかならなかった。この折の激戦を記念して、一九七五年には同峠[18]の頂に大砲が設置されている。中佐は六〇年代末、かつての激戦地を訪れる。私たちはそのとき同地で二日間語り明かしたが、彼がこの地図を譲ってくれたのは、まさにこのときである。リュウトガ川（日本人はこれを留多加川《ルダカガヴァ》と呼んでいた）の河谷全域と、その幾つかの支流の両岸は、小方形——住居を示す記号——で文字通り埋め尽くされている。にも拘らず、中佐はそのとき、地図作製者らの実態把握が完璧とはほど遠かった、と述懐した。実際の集落数は、地図に示されたものをはるかに凌駕していた。

中佐の証言は、精々のところその一斑に過ぎない。村に対するわれわれの理解を大いに深めてくれたのは、樺太庁三十周年を記念して東京で印刷された日本語資料[19]である。以下では、サハリン州国家文書館所蔵のロシア語訳を利用させてもらおう。

日本政府はカラフト移住を奨励し、移住者に対しては多年にわたり、各種特典を少なからず供与している。一九一九年以降は、わずかながらも給付金の支給すら開始された。十五歳以上の移住者には、世帯当たり十五円を見込んで、各五円が支給された。カラフトにおける農民世帯数は恒常的な増加を示した。農家総数は一九二二年が一〇四六戸だったが、わずか三年後には二三七八戸に跳ね上がる。のちには諸特典が拡充された。以下ではロシア語訳から引用する。

> 移住者への土地の引き渡しは、定められた期間、即ち三月末から四月末日までの間に実施された。そうすれば、家屋内での暖房設備の設営を、初雪の到来までには終えることが可能だからである。暖炉《ペチカ》や炊事場の建設、畳や食器の支給、照明設備の確保は、国費で賄われた。……これらの特典に加えて、移住者は地所の取得後も各種の支援に浴し、さまざまな奨励金が支給された。

同書にはなんと、瑞穂村に関する情報も見出される。いわゆる集団入植前、即ち一九二六年以前でも、村では一一〇世帯を数え、四八五人が在住していた。短期間のうちに農家数は急増する。一九三四年の世帯数は既に一八一、住民数もほとんど倍増したから、一九四五年の世帯数が二五〇戸だったことは、十分にありうる話である。戸数増は、移住者の流入のみに起因したわけではない。基幹住民は一九三二年以降、追加地所取得権を獲得する。農民の子弟には、村内に留まる限り地所が供与された。したがって、われわれは瑞穂村において、われわれの了解する限りで、日本古来の慣習とは矛盾するような事象に遭遇する。日本の習慣によれば、長男は父親の相続者と目され、家督相続後は両親の面倒を最後まで見なければならない。しかるに瑞穂村では、若輩の森下泰夫が実父とは別居している。われわれは彼の家が、浦島と命名される外村との境をなす川の、直ぐ川向こうにあったと想定する。森下キヨシはこの在郷軍人の父親であるが、村の中心近くに屋敷地を有する。細川博もまた、その父細川ヨキチとは別居していた。彼は森下泰夫の近傍で暮らすも、彼の父は浦島地区の、峡谷の最末端近くに屋敷地がある。村内での評判によると、この父親は裕福で羽振りの良い人物であり、多くの家畜や高級な家具調度を所有するという。だが労働力の雇用は行わず、十七歳の末息——細川武——を含めた息子たちが手助けするらしい。惨劇が出来した当時の瑞穂村長は永井コスケ、五十一歳であった。その息子永井幸太郎《コタロ》は、妻や年端の行かぬ二人の子供とともに持ち家で暮らし、自前の地所を所有する……。類例は枚挙に暇がなかったと推定すべきであろう。

(18) 日本統治下で「熊笹峠」、そして今は「ホルムスキー峠」と命名されている。この峠の頂には、攻防戦で斃れたソ連将兵を追悼する記念碑の天辺に、当時の大砲一門が掲げられている（口絵写真参照）。

(19) ロシア語訳は、後出のように『カラフト三〇年』と題されているが、該当する原典は樺太廳編輯『樺太廳施政三十年史』（一九三六）と推定される。

住宅が多少とも密集していたのは村の中心部のみで、周辺部における屋敷地間の距離は、どうやら所有者の保持する地所の多寡次第だったらしい。諸集落は、さまざまな営農に適する区分ごとに分散していた。二股村から瑞穂村まで、峡谷に沿って「北部《ホクブ》」、「東部《トロブ》？」、「川北《カワキタ》」、「南部《ナンブ》」、「天城《アマガ》？」、「ナカリー」、「キエシン」、「コウリ」といった小集落が登場していった。……瑞穂村自体ではそれぞれの外村に固有名が与えられていたが、文書に記載があるのは「浦島《ウラシマ》」と「八号線《ハチゴセン》」の二例のみである。私はこれらの所在地をせめて朧気ながらでも確かめるべく、ミハイル・フョドロヴィチ・ルィバチュウクと細君のユリヤ・ミハイロヴナを求めてポジャルスコエ集落へ赴いた。そこには、彼らの隣人であるドミトリー・パヴロヴィチ・ヴォルシンも待っていた。ルィバチュウクが当地に来たのは一九四九年のことだが、ヴォルシンの方は四六年の第一波移民ラッシュに便乗して、父親とともに来村している。その当時、まだほんの雛《ひよっこ》だった彼らは、なるほど苦しい時代だったとはいえ、今や満額の年金に支えられて、その頃のことを楽しそうに回想する。

私たちは机の上に、旅団指揮官副官由来の往時の機密地図を広げ、その直ぐ脇にはポジャルスコエ周辺の農地配置図（これは国営農場の農業技師から特別に入手した）も並べた。こうして私のインフォーマントたちは、昔語りに熱中していった。

――ほれ、この野原は、今は「クラフマルカ（澱粉）」と称するが、日本人の頃はここに澱粉工場があったからさ。現在の野菜畑にはでっかい二階屋が立ち、一面に大麻が密生していたよ。ここは道路が走ってたな、この小川と交差する地点には吊り橋の印をつけよう。

――そうだったなあ――と、男たちは物思いに耽る――日本時代は、小川に沿って車を走らせることがなかったな。あの頃は至る所に大小の橋があり、しかも吊り橋までも架かっていた。わしら若い男女は、散歩に出かけるとよく吊り橋まで駆けっこして、橋の上で揺すりっこしたものさ。……心ゆくまで揺すりっこを楽しんだなあ。今や吊り橋は一本もなくなり、リュウトガ川右岸の浅瀬へ、自動車であれ、またトラクターであれ、そのまま乗り入れて走らせる。ここに住んでた日本人が見たら、卒倒しかねんなあー。

——リュウトガ川の左岸には二つの小川が注いでいて、参謀本部地図ではいずれも浦島川と命名してある。どちらの川の畔に、同名集落は立地していたのかな。

——今じゃ一方が「マリヤン・マル」という名で、今一つの小川は「ベズィミャンカ」と称する。北の川の両岸には家屋が八～十軒あったと記憶する。この、つまり南の川の岸辺を、かつてはすこぶる良道が走っていて家屋数もおよそ二倍、約一キロにわたって延びていたな。峡谷の最先端には、ロシア式丸太小屋も見かけたぞ。誰の持ち家だったかは不明だが。この峡谷には、リュウトガ川を跨ぐ大橋も架かっていた。大増水の折りに流されちまったが、再建してくれる人は皆無だ。……浦島というのは、きっと、左岸に立地した諸集落の総称だったろう。

——ある文書に言及される松林は、どこにあったのだろうか。

——松なぞ、これらの土地では全く見かけないが、落葉松の林ならあるぜ。それはリュウトガ左岸の、今では「ポトソブノエ」と呼ぶ楔状地形の北部にあるよ。そこには家が二軒建っていた。一つは単なる大家屋、今一つが二階建て。そこからあまり遠くない所には立派な納屋があった。

——村の中心部はどんな様子でしたか。

——現在の新道の東を旧道が走り、その両側には家屋がぎっしり軒を連ねていた。アニワ（旧留多加町）方面へ向けて右折した所には、二階建住宅と倉庫があったよ。倉庫は、頑丈そのものだったから、長いこと健在じゃったな……。

ところで倉庫じゃが、日本政府は農民［報国］連盟支援策の一環として、礎石用鉄筋コンクリート・ブロック、屋根用トタン板、木材といった建設資材を提供し、建築費総額の八％までを支弁した。南サハリンでは今なお、そのような倉庫が数カ所に健在じゃが、その一つはチャプラノヴォにあるよ。

――ほれ、ここに――と、私のコンサルタントらは野原の一角を指さした――大村長が住んでいて、近くにはどこぞやの寄宿舎もあった。わしらがそこへ入ったとき、全室が既にもぬけの殻さ。この場所に一本の柱が立っておったが、つまり火の見櫓さ。上の方に柵で囲まれた足場があって、小梯子がそこまで伸びていた。柱は一〇メートルほどの高さで、上からは両側が遠くまで見渡せたな。道を挟んで寄宿舎の真向かいには、遊郭が聳えておった。そこには赤提灯一灯が長いこと吊り下がっとったものの、そこの住民たち――男たちは薄笑いを隠しおおせない――は既にいなくなってた。知り合いの将校が語るところによると、御婦人らは四五年の秋に早くも解放されて四散したとのこと。経営者らは退職金や休暇手当など、しかるべく支払うことを余儀なくされたそうな。そうだ、この近くには旅館があった。

――旅館だって？　ストップ！　四六年の夏にそこで暮らした人物を、私は知っている。ピャチレチエの住人、ヴァシリー・アファナシイェヴィチ・ウトキンだ。私はかつて彼の若い娘らを、あとでは孫たちまでも教えたことがある。ウトキンは今や細君を亡くして独居中。家の敷居を跨ぐや、彼の読書を中断させることになるが、彼はどんな客でも喜んで迎え入れて、動員解除以降の思い出話に花を咲かせ始める。

ウトキンの語りからは、簡潔を期して、われわれの叙述に直結する部分のみを以下に抜粋する。

――わしは伐採区の職長《マスチェル》に任命されたものの、木材伐採ではど素人で、ほとんど何も知らなんだ。すると、一人の日本人職長が助けてくれた。彼は日本人だから、職長に任ぜられたのはわしで、彼はわしの助手に指名されたのよ。わしは会話帳を頼りに彼と対話したが、指先でも意思の疎通を図ったさ。この日本人は礼節をわきまえた忍耐強い人だったから、わしにすべてを教えるばかりか、わしに代わって多くのことを自ら行った。わしの作業班の労務者は日本人ばかり。彼らの仕事ぶりはまじめで几帳面だった。わしは彼らの仕事に満足していた。休日になると酒を飲んで寛いだ。度を過ごして、騒いだり口論となったり、時には殴り合うことさえあったものの、月曜日の朝になると、「ヴァーシャ[20]さん、区長には黙ってて下さい。区長はいっぱい阿呆だから」と、わしに懇願するのよ。伐採区長は確かに並みの愚者じゃから、酒を毛嫌いし、しかも卑猥な言葉で罵る人だったよ。日本人らは彼を恐れた。

わしらは、瑞穂村近くの現場でも伐採作業に従事した。わしはそこへ派遣されると、村長の許を訪ねた。村長の名がカトウだったことは、今なおよく記憶する。彼はかなりまともなロシア語を操った。村長は漢字で書きつけを記すと、わしにそれを旅館まで持参するように告げた。旅館の亭主はわしを鄭重に出迎えて、客室まで案内してくれた。その部屋にあったのは、畳と丸い小卓だけさ。椅子もベッドもなしだ。夜毎に寝具を押入れから出して、床の上に直接敷いて寝床をこしらえてくれた。わしはそこに半月ほど逗留した。いや、もっと長かったかも知れない。わしは食料を一週間分持参した。亭主の年端の行かぬ子供らはパンを見るなり、「パン！　パン！　ヨルシ！[21]」と声を張り上げた。つまり「パンだ、素晴らしい」というわけ。ほぼ二日後にわしのパンが尽きると、今度は彼らの食べ物で養われた。夕食後には亭主と酒《サケ》――弱いアルコール飲料である――を酌み交わすこともあった。亭主は盃の底へちょっぴり注いで舐め、夜っぴてちびちび玩味する。わしはといえば、コップで一気飲みさ。亭主は両の眼をひん剝いて仰天する。そこでわしらのヴォトカを彼に振舞ったのよ。二人でボトルを一本空けるや、日本人は合点して、ロシアのヴォトカは「ヨルシ！」、

---

(20) ヴァシリーの愛称。ここでは、ヴァシリー・A・ウトキンを指している。

(21) 子供たちが「よろしい」と発した叫び声を、ウトキンはこのように聞きとったものと推察される。

しかるに、コップで飲むのはなお「ヨルシ！」と、賛辞を呈したものさ。

――瑞穂村民の生業《なりわい》は何でしたか。

――生業だって？　農民さ。

われわれはここで、当事者から一次情報を聴取する機会にも恵まれた。われわれのインフォーマントは、私の家族の旧知である日本女性の「マツダテ・サッワ《サッヴォ》」、村では単に「サワ」と呼ばれていた。六〇年代当初、私たちはチャプラノヴァ集落における隣り同士、私たちを隔てていたのはただ老朽家屋の壁だけだった。サワの夫は、既に故人となった朝鮮人のコ・チェチョルであるが、学校の古い建物で釜焚きを務めていた。彼らは小さな二間《ふたま》で、少なからぬ数の子供とともに暮らしていた。私らの子供たちはもっと若齢だったが、それでも両家の子供らは一緒に遊んだ。私たちは一年半から二年間、仲睦まじく共住した。今でもサワのことを想うと、良い思い出しか頭に浮かばぬし、顔を合わせるのは嬉しい。彼女は今、娘や孫たちとともに新しいアパートで暮らしている。そこは二世帯住宅が軒を連ねる一街区だが、そもそもは古い学校や私らの陋屋《ろうおく》を取り壊した跡地に造成されたものだ。齢より若く見えるサワが語るところによると、最近、日本を訪問して、超高齢の母親や姉妹と会い、あまたの親族とも近づきになれたという。彼らは過去を懐かしみ、別離を強いられた人生を嘆き、遅まきながらも会えたことを喜んだ。

――一九四五年以前はどこに住んでましたか。あなたの家族と同様な境遇の方々は、きっと大勢おられたでしょうね。

――私らの屋敷地は、二股から数キロ離れた川北部落にあったのよ。そこには――サワは一瞬口を噤《つぐ》み、指を折りながら自分の古い隣人の名を数えあげる風情だった――多分、十七軒か十八軒の家があったわ。家族は牝牛と豚を各一頭、そして何匹もの仔豚も飼っていた。庭先を鶏が十五羽から二十羽は駆け回ってたね。馬もいたけど、これは役畜。それに乗って畑地を掘り起こし、父は馬車で牛乳をミルク集積所へ届け、また収穫物は倉庫に運び、そこで肥料を受け取った。初雪が降ると、甜菜を二股駅へ搬出して貨車に積み込んだ。甜菜を供出しないと砂糖が貰えないの。春から秋まで、家族は畑仕事にいそしんだ。播種したのはエンドウ豆、小麦、大麦、蕎麦、燕麦。野菜畑には南瓜《かぼちゃ》があり、トウモロコシも植えてたわ。秋にはトマトや胡瓜《きゅうり》、キャベツを塩漬けにした。

ここで今一度『カラフト三〇年』を繙《ひもと》くのも悪くなかろう。島の南部では高々四十種までの農作物が栽培されていたことが判明する。例えば、裸大麦、馬鈴薯、茄子、人参、隠元豆、蕪、西洋蕪などである。報告中にはオランダ苺やシロバナヘビ苺も見出される。工業用作物として少なからず重視されたのが薄荷《はっか》と亜麻。グリンピース、大豆、空豆、黍も市販用に栽培された。ここには林檎樹があまた植えられ、現在の竹藪は李《すもも》で満杯だった、とチャプラノヴァ（旧二股）の先住ロシア人らは付け加える。取るに足らぬ作付面積ながらも、稲を栽培した日本人の話まで飛び出す。

以下に掲げる数字からでも、酪農業の発展水準はある程度まで推し量れよう。野田（現チェーホフ）を含む真岡では、一一四九頭の牝牛と二六四頭の牡牛が農家で飼育されていた。関連データは見当たらぬものの、その他の地区でも家畜はおそらく飼われていたろう。判明しているのはただ、一九三四年の真岡支庁では三二トン三七三キログラムのバターが生産されたという事実のみ。ここで再び、南サハリン州民政局の専門家が執筆した経済概況から数字を引用するのはおそらく有意義であろう。一九四六年春の南サハリンでは馬が一万五千頭、牛二万頭、豚は約四千頭と記録されている。これらの数値がどこまで信頼に値するかは、既にこのときまでに、われわれは日本人資産の接収をある程度済ませていただけに、判断が難しい。

——あなたの家族の暮らし向きは裕福でしたか——と、私はサワに訊ねる。

——判らないわ。家畜や土地をもっと持っていた人たちは、私らよりも裕福だったよ。だって私らは、牛馬各一頭だもの。父は、冬場は出稼ぎで山仕事をしていた。裕福な暮らしとは必ずしも言えなかったかも知れぬけど、あの頃は良い暮らしだったわ。私の家族が日本へ引き揚げてしまうと、私はただひたすら泣き続けるばかり……。

——あなた方の地所は大きい方だったのでしょうか。

——それについては父が掌握していたが、私は、興味を抱くにはあまりにも幼すぎたわ。地所は足りていたけど、さらに人手があればもっとよかったね。若者は戦争に駆り出されるか、勉学のため都会へ出ていたのよ。老人や子供で、一体何ができたっていうのさ。


さまざまな資料を突き合わせると、移住者へは土地の借地権が供与されていたと解される。しかしながら、地所に家屋や農業施設、畜舎が建てられてのちは、もしも農地の半分以上で農作業が遂行されるならば、借地者の要求に基づいて、土地の所有権が彼に付与された。農民の過半は、あまり大きくない地所を所有していた。もし三ヘクタール以下の耕地しか所有せぬ農民の数を一〇〇％と見なすならば、それ以上五ヘクタールまでの場合は四一・五％、一〇ヘクタール以下は一五％であるのに、一五ヘクタールまでもの耕地を有する者はわずか二・七％に過ぎなかった。したがって、細川ヨキチを富農と見なしたのには十分な根拠があった。

戦争は、国民のあらゆる身体力の最高度の逼迫であり、また喪失や難儀、身体的・物質的・道徳的損失でもある。勤労者は四方八方から締め付けを食らうから、その貧困化は不可避である。日本では既に一九四二年二月の時点で、米の配給制度が全国に施行されている。同じ経済概況が報ずるところによると、カラフトにおける米の月間配給量は、大人一五キロ、子供七キロで、砂糖は一二〇グラムであった。三カ月に一度、石鹸二個、塩二〇〇グラム、特別なソース(22)一・五キロが配給された。

マツダテ・サワは以下のように回想する。

――母はまず、薄切りにした甜菜を煮て、煮汁を搾り出していた。絞り粕は牝牛に与えるが、煮汁は再び加熱して、粘性が増すまで煮つづける。そして、弱火でさらにぐつぐつ煮つめるの。すると茶褐色の、ほとんど真っ黒な粘液ができるのよ。それを、砂糖の代用品としても使ったわ。

米国との戦争がいまだ始まらぬうちに、諸政党や労働組合が自主解散して、その代わりに「大政翼賛会」が結成される。瑞穂村でも［「大政翼賛会」傘下の］「農業報国同盟」の村落組織が活動していた、と想定すべき根拠がある。ある尋問調書で言及されたところによると、栗山吉左衛門は、何らかの村落組織の役員を務めていたという。これは十中八九まで、「農業報国同盟」の下部組織であったろう。会員の義務とされたのは、日本の命運に対する全国民的責任感を農民に吹き込むことを最終目標とする、各種方策の実行であった。村々には十～十二家族、ないしはそれをやや上回る数の家族を単位として「ランポハン」(23)――「隣組」――が組織された。マツダテ・サワは、自分らの部落にも班長がいて、父親が何らかの集会にしばしば通っていたことを覚えている。「隣組」は、食糧や生活物資の配給に関与し、軍債の購入申し込みや節約を扇動し、持

(22) 重量で表記されているところから推して、ここでは「味噌」を指すものと思われる。
(23) 「ランポハン（рампохан）」ではなくて、「隣保班《りんぽはん》」である。

てる力をすべて「聖」戦に捧げ、天皇と来るべき勝利の名における自己犠牲を実践するよう、「隣組」のメンバーに呼びかけていたから、日本の農民に豊かになる機会がありえたとは、とても思えない。

瑞穂村に隣保班《ランボハン》が実在したことを示す直接の証拠を、われわれは有さない。しかるに、このドラマの事実上すべての参加者の行動論理は、人々が何らかの重苦しい相互依存関係に絡めとられ、雁字搦《がんじがら》めとなっていたことを物語る。

瑞穂村民の生活水準を多少とも示唆するのは、軍事法廷の評決に基づく被告の個人資産没収を伝える諸文書である。

そのような文書の第一は、極東軍管区軍事法廷議長を務めた法務大佐のシネリニク同志に対するクゾヴニコフ大尉の報告であるが、そこには「柏原《カシヴァバラ》壬子《ジュンシ》から没収された現金総額三二九ルーブリと、製造番号の全く刻印されていない精工《セイコ》舎製銀時計は、国庫歳入に組み入れられる」と記されている。

第二文書は没収物件の価格鑑定記録であるが、同じく柏原から没収された五〇%使用済みの自転車は二五〇ルーブリ、同程度使用された防水加工コートが五〇ルーブリ、ほとんど新品同様の髭剃り器は一〇ルーブリと、それぞれ鑑定され、三輪《ミヴァ》光正《マツマサ》から没収した写真機の評価額は一三〇ルーブリである。

没収資産の記録と鑑定結果を記した文書によると、栗山吉左衛門所有の四五〇〇ルーブリと評価された馬ならびに仔馬一頭は、チェプラコフ(イェヴゲニー・チャプラノフの姓は以前、誤ってこう記された)名称集団農場《コルホーズ》に引き渡される。長屋昭雄の所有馬は五〇〇〇ルーブリと、そして二頭の仔馬は各八〇〇ルーブリと鑑定されている。すべての没収資産は、一九四七年の通貨改革以前に評価鑑定されている。

何という豊かさであることか。

だが、ポジャルスコエ集落とルィバチュウク一家に話を戻したい。

未成年だったミハイル・フョドロヴィチ（ルィバチュウク）が働き始めた集団農場は当初、二十頭の牝牛を所有していた。これは、本国へ引き揚げた日本人たちから接収した家畜だった。馬は頭数がもっと多くて、およそ五十頭。無人の家屋に残された家具も集団農場の資産となる。日本人らは衣類を包んだ小荷物を幾つか抱えて旅立ったから、その他の財産――家畜、家具、食器、寝具――はすべて住宅内に残され、そこへ最初に到着した者らが持ち去って集団農場に集積され、後に当該農場の勤務員《コルホーズニク》へ売却された。

この現象に、あとになって評価を与えることは止しにして、ただ日本人らは結果として別に貧しくなったわけでもなく、われわれもまた遺憾ながら、格別豊かになったのでもないことだけは指摘しておきたい。

私の対話者らは、日本人たちが最も利便性の高い生活必需品に対して、どことなく無頓着だったことをよく覚えている。何よりもまず、彼らの家屋では熱の保存に格別の注意が払われなかった。夕刻にはペチカの周りに老若男女が屯し、暖かなズボンを着用して座りながら温まるや、そそくさと暖かい厚めの布団に滑り込む。ペチカは、薪が燃え尽きるや直ちに冷えてゆき、熱を保持するものといえば、熱湯を注いだ陶製大湯たんぽだけで、それは夕方以降、両脚の間に置かれた。と同時に、彼らの許には美しい家具――箪笥や小戸棚――が少なからずあって、その上にはありとあらゆる小間物が無数に並べてあった。各家には寸法を異にするあまたの食器――例えば、さまざまなサイズの椀など――があり、しかもすべては美しい図柄で装飾されていた。どれ一つとして保存されず、灰燼に帰してしまったのは残念である。

――各家の玄関の間には給水槽もあって、大小各種の編み細工が五個ほど吊り下げてある。それはすこぶる軽量な雪上歩行装置[24]だ。これを履いた日本人が隣家を訪ねるべく未踏の雪原を走るのを垣間見る者には、その背後に巻き上がる雪煙しか目に止まらないわけよ。彼らは、冬場は自宅に留まるが、早春から晩秋までは仕事に精を出した。勤勉な人たちだ。

——わしらの隣人に——と、ユリヤ・ミハイロヴナ（ルィバチュウク）は回想する——一人の孤独な女と三《み》人《たり》の娘御がござらした。彼女らの旦那がいずこにござったか、知らなんだ。わしらは彼女たちと親しく付き合ったさ。彼女らはわしの末娘をとっても可愛がってくれて、一緒に日本へ連れて行きたいとさえ申し入れられる始末。良い人たちだったよ。

——わが国の軍隊が進撃してきた四五年の夏、ここで起きたことについて、あなたは何か聞き及んでませんか。

——いや、何も聞いたことないよ。ここで一体、何事が起きたのさ。

細川　博

一九一九年、北海道佐呂間《サルマ》県常呂《トコロ》郡常呂《トコロ》村にて出生。農民。尋常小学校卒。父親の細川ヨキチは一八九〇年生まれ、母親の細川シキは一八九二年の生まれ、妻が細川トマエ、弟の細川武は一九二八年生まれ、二人の妹のうち細川フミコが一九三〇年、細川リスコは一九三五年の生まれ。一九三九年以降一九四〇年（別情報によると一九四一年）まで日本帝国陸軍で兵役を務める。一九四五年八月までは、瑞穂村の若者組織「青年団」にて軍事教練教師。

【個別特徴】低身長、痩せぎすの体格、撫で肩、まっすぐ秀でた額、直線眉、口は小さく、がっしりとした頤、耳は小さくて卵形を呈する。

【特記事項】右脚大腿部に大型火傷痕あり、左手の指一本が脱臼（癒着性脱臼）。

日本とソ連の開戦以降、日本人は沿岸諸地域から次第に島の奥地へ避難を開始する。これ以降、朝鮮人が日本人住宅を襲撃して略奪を行い、日本女性に暴力行為を働くなど、両者の関係は険悪化……。日本人に対する略奪や乱暴狼藉の具体的事実を、私は挙げることができない。

（一九四六年八月七日の尋問調書より引用）

はい、私は森下泰夫、清輔《キヨスケ》大助とともに、瑞穂村に在住する朝鮮人の大量殺戮の組織者にして指導者、そしてまた直接の実行者でもあることを認める。私はまた、朝鮮人ら――男、女、子供たち――のすべての殺害が、私と森下と清輔の三者による所業であることも認める。私は、これらの殺害に対して責任を取らねばならない。

（同年八月二十日の尋問調書より引用）

一九四六年九月二十八日、極東軍管区の軍事法廷にて銃殺刑が宣告され、一九四七年二月二十六日、ヴラヂヴォストクにて刑が執行された。

清輔大助

一九〇九年、大分県宇佐郡宇佐《ウサ》町にて出生。職業は大工、尋常小学校卒。
父清輔キチロは一八六五年の生まれ、母清輔チヤは一八八七年生まれ、妻森下シゲは一九二七年生まれ、夫婦に子供なし。弟妹には、一九一二年生まれの妹ミサキ、一九一六年生まれの次弟カトゥオ、一九一九年生まれの三弟ナツキ、一九二二年生まれの四弟テイタロがいる。
【個別特徴】 低身長、肥満体、いかり肩、短頸、黒い毛髪、茶色の眼、瓜実顔、まっすぐながら狭い額、小

(24)「雪靴《かんじき》」のことと思われる。

さな団子鼻、唇薄く、小さな耳は卵形を呈する。

【特記事項】右手肘部に横なりの火傷痕あり、両眼ともにトラホーム疾患、暗色系枠の眼鏡を着用。

浦島における朝鮮人らの殺害後、私らは全員で栗山吉左衛門の家を訪ね、そこで食事をとり、夕刻まで休息した……。栗山宅に戻った私らに、栗山は、朝鮮人殺害への謝意を述べ、昼食を御馳走し、アルコールも振舞ってくれた。夕方になると、私を含めた殺害関与者は全員で、私らによって殺害された朝鮮人の遺骸を片付けて、地中に埋めた。遺体の埋葬後、私らは揃って栗山宅に戻り、夕食をとった。

（一九四六年七月三十一日の尋問調書より引用）

一九四六年八月十六日に実施された清輔大助・細川博両被告間の対審調書から。

細川：清輔は偽りを述べている。彼は、瑞穂村在住朝鮮人の大量殺戮における活動的リーダーの一人である。

清輔に対する設問：あなたは細川証言を容認するか。

清輔：はい、私は細川博の証言を全面的に認める。私は実際に、瑞穂村在住朝鮮人大量殺戮の首唱者であり、活動的リーダーの一人であった。

一九四六年九月二十八日、極東軍管区の軍事法廷にて銃殺刑が宣告され、一九四七年二月二十六日、ヴラヂヴォストクにて刑が執行された。

千葉政志

一九〇三年、宮城県登米《トメ》郡北方《キタカタ》村にて出生。尋常小学校卒。農民。妻千葉ヒデヲは一九〇八年生まれ、息子は、長男キヨイチ・一九二七年生まれ、次男茂一《モイチ》・一九二八年生まれ、三男ケンキチ・一九三一年生まれ、四男シゲミネ・一九三三年生まれ、五男マサノブ、娘はキミコ、ミエコ、エミコ――五男と三姉妹の生年については記載なし。

一九二三年から一九二五年まで、日本帝国陸軍にて兵長を務める。

一九二七年から一九三五年まで、日本の政党「民政党《メンサイトウ》」党員。

北海道では、私ら家族には農地が足りなかったから「カラフト」へ移住した。ここでは若干の特典が供与され、より多くの土地が与えられた。

（一九四六年七月十七日の尋問調書より引用）

一九四六年九月二十八日、極東軍管区の軍事法廷にて銃殺刑が宣告され、一九四七年二月二十六日、ヴラヂヴォストクにて刑が執行された。

永井幸太郎

一九一七年、宮城県戸田《トダ》郡湧谷《ワクヤ》村にて出生。農民。父永井コスケ・五十一歳、母永井ハシメ、妻イシノ・二十四歳、娘イツコ・三歳。ほかにリンコ・二十一歳、チトシ・一九歳、フミク・十六歳、セツコ・十一歳、フミオ・八歳、サツコ・四歳と、都合六名の兄弟姉妹あり。

一九三七年から一九三八年まで、満州・斉々哈爾《チチカル》（チチハル）市にて軍務に就く。褒章歴――対中国戦従軍賞牌、赤十字襟章、八等勲章。

……姓名不詳ながら、逃亡を試みた朝鮮人を追跡して、軍刀で致命傷を負わせた……。私は、日本人今部《コンベ》の所有するバラックに暮らす朝鮮人たちの殺害に加わった。殺害時、私は窓辺で待ち伏せていた……。バラックから逃走を試みる二人の朝鮮人を刺殺した。私が軍刀で刺殺した朝鮮人は、都合三名に過ぎぬ。

（一九四六年八月九日の尋問調書より引用）

一九四六年九月二十八日、極東軍管区の軍事法廷にて銃殺刑が宣告され、一九四七年二月二十六日、ヴラヂヴォストクにて刑が執行された。

栗栖《クリス》 昇《ナボル》

一九二〇年、北海道士別《シベツ》村にて出生。農民。尋常高等小学校卒。独身。父は来栖トシメ・五十三歳、母ヤエ・四十八歳、兄守・二十七歳。

私は自ら、朝鮮人たちの殺害が大犯罪であることは承知していたから、この件はすべからく秘匿すべきで、他言してはならぬことを了解していた。

（一九四六年七月二十六日の来栖昇被告に対する尋問調書より引用）

朝鮮人殺害を実行する中で、私は自分たちの行動を正当と見なし、今もなお、当時の私たちは彼らに対し、正しく振舞っていたと考えている。

（一九四六年九月二十七日の法廷審理証言より引用）

一九四六年九月二十八日、極東軍管区の軍事法廷にて銃殺刑が宣告され、一九四七年二月二十六日、ヴラヂヴォストクにて刑が執行された。

細川　武

一九二八年、樺太島真岡《マオカ》郡清水《シミヅ》村にて出生。尋常高等小学校五年修了。細川博の弟。

問：今、あなたに提示する法医学鑑定記録には、朝鮮人たちがすこぶる残忍な方法で殺された、と記してある。あなたはこれを事実として容認するか。

答：はい、私は認めます。一九四五年の夏、千葉茂一と協力して、確かに、二人の女性と幼児六人を自らの手で殺害しました。

（一九四六年八月二十八日の尋問記録より引用）

一九四六年九月二十八日、極東軍管区の軍事法廷にて銃殺刑が宣告され、一九四七年二月二十六日、ヴラヂヴォストクにて刑が執行された。

千葉茂一

一九二八年、宮城県登米《トメ》郡北方《キタカタ》村にて出生。尋常高等小学校卒。農民。千葉政志の息子。若者組織「青年団」団員。

一九四六年八月六日に実施された千葉茂一と千葉政志両被告間の対審調書から（対審は十二時三十分に開始され、十四時に終了）。

彼らは相互に顔見知りであるか、との設問に対し、千葉政志被告と千葉茂一被告は、熟知する間柄であり、近親関係にあると回答した。千葉政志は千葉茂一の実父である。相互関係は良好。

千葉政志に対する設問：朝鮮人殺害における千葉茂一の参加に関して、承知するところを述べよ。

千葉政志：愚息千葉茂一は一九四五年八月、朝鮮人丸山《マルヤマ》宅に居合わせた朝鮮人女性とその幼子らの殺害に、加わっていたと承知する。愚息とともに手を下したのは、森下、細川武である。これについては、千葉茂一が殺害後二日目に、私へ直に語ってくれた。

千葉茂一に対する設問：あなたは千葉政志の証言を事実として容認するか。

千葉茂一：はい、認めます。

一九四六年九月二十八日、極東軍管区の軍事法廷にて銃殺刑が宣告され、一九四七年二月二十六日、ヴラヂヴォストクにて刑が執行された。

角田東次郎《カクタチヨヂロ》

一九一〇年、北海道札幌にて出生。尋常小学校卒。農民。母角田ソメ・六十九歳、妻ツル・三十六歳、子供はトシオ・十三歳、ツィコ・九歳、タダオ・六歳、ナツコ・四歳、マソ・一歳。

私が軍刀を借りたのは、瑞穂村国民学校の松山《マツヤマ》校長からで、その目的は、もしも近隣村落に在住する朝鮮人の誰かが、私によって殺害された朝鮮人・夏川の仇討ちに、あるいは朝鮮人殺害への関与に対する復讐として、私を襲おうとした場合に備えて、自衛することにあった。

（一九四六年八月八日の尋問記録より引用）

一九四六年七月二十八日の取り調べで、私は偽りを述べた。実際は、村内で進められていた朝鮮人殺害計画を、私は事前に承知していた。これを私に伝えたのは、疎開する家族に付き添って出向く途中の路上で出会った森下である。一九四五年八月二十一日午前七時のことであった。

（一九四六年九月二日に実施された角田東次郎・栗山吉左衛門両被告間の対審調書より）

一九四六年九月二十八日、極東軍管区の軍事法廷にて、矯正・労働ラーゲリにおける禁錮十年の刑が宣告された。

一九四八年八月二十八日、クラスノヤルスク・ラーゲリにて死亡。

柏原壬子《ジュンシ》

一九〇二年、本州、イヴァタキ(25)県オキマ村にて出生。尋常小学校卒。農民。一九三一年以来「カラフト」に在住する妻帯者。

尋問調書にも、また身柄拘束者記録にも、家族に関する記載は欠落する。

私は、朝鮮人大量殺害計画について承知していたとされること、これらの殺害への参加に同意し、また日本人細川博・森下泰夫がそのために結成した実行グループにも加わったこと、さらには一九四五年八月二十二日、同グループの一員として、日本人今部の所有するバラックに住む朝鮮人らの殺害に直接関与したことに対し、自らを有責と認める。（一九四六年八月二十二日の尋問記録より引用）

一九四六年九月二十八日、極東軍管区の軍事法廷にて、矯正・労働ラーゲリにおける禁錮十年の刑が宣告された。

一九四九年一月五日、クラスノヤルスク・ラーゲリにて死亡。

栗山吉左衛門

一九〇四年、宮城《ミヤキ》県戸田郡元湧谷村《トダ・プロヴィンツィヤ・モトヴァクヤ》にて出生。尋常小学校卒。農民。

妻栗山フミコは一九一四年の生まれ。子供は、森下クラコ・一九二二年生まれ、栗山昭二《ショヂ》・一九二八年生まれのほか、ヨスアキ、アキオ、アキラ、ミワコ、ヨスロブ、アキコの都合八名。

一九二五年から一九二七年にかけて日本帝国陸軍で兵役を務め、兵長の肩書きで除隊。

【個別特徴】低身長、痩せぎすの体型、長頸、白髪交じりの黒髪、茶色の眼、ピラミッド型の顔、まっすぐの狭い額、弧状の眉、細い鼻、厚い唇、大耳。

一九四六年九月二十八日、極東軍管区の軍事法廷にて、矯正・労働ラーゲリにおける禁錮十年の刑が宣告される。

---

(25) 県名は「茨城」か「岩手」であろう。

一九五五年十二月六日、日本へ帰国。

栗山昭二《ショヂ》

一九二八年、樺太島真岡《マオカ》郡清水《シミヅ》村にて出生。瑞穂村の尋常高等小学校高等科一年次修了。農民。栗山吉左衛門の息子。若者組織「青年団」団員。

浦島においてすべての朝鮮人を殺害したのち、鈴木政義、栗山守、角田東次郎、永井幸太郎、高橋ヨリミツ、そして私と父・栗山吉左衛門が、わが家で食事をともにした。昼食後、私は栗山守やその他の若者とともに外出、散策のため村外れの小川へ赴き、そこで夕刻まで過ごした。

（一九四六年八月十四日の尋問記録より引用。尋問は十一時二十分に開始）

一九四五年八月二十七、二十八日頃、私はわが家の近くで細川博と一緒に、殺された朝鮮人の遺骸一体を掘り起こしたが、この件については、わが父・栗山吉左衛門が承知していた……。誰がいつ、この朝鮮人を殺したのか、私は承知せず。遺体はわずかながら変化を示し、つまり腐敗の兆候が認められた。

（一九四六年八月十四日の尋問記録より引用。尋問は二十一時二十五分に開始）

一九四六年九月二十八日、極東軍管区の軍事法廷にて、矯正・労働ラーゲリにおける禁錮十年の刑が宣告される。

その後の消息については、データなし。

鈴木政義《マサヨシ》（すみよし）

一九二七年、北海道宗谷《ソヤ》郡猿払《サルフツ》村にて出生。瑞穂村の尋常高等小学校卒。季節労務者。

父鈴木リンサクは一八八八年、母キサは一九〇二年の生まれ。兄弟姉妹は、マサノブ、ナミコ、ナブコ、ツヤコ、ノリコの計五名。

若者組織「青年団」団員。

一九四五年八月二十三日の朝、森下泰夫が私と細川武と千葉茂一に対し、当時長谷川宅に滞在中の朝鮮人女性と、その十三歳の娘の殺害を命じた。

（一九四六年八月十七日の尋問記録より引用）

若者組織「青年団」団員としての私の立場は、同組織の青年学級卒業生としての立場とも相俟って、森下泰夫や細川博といった組織のリーダーと行動をともにすることを、私に余儀なくさせた。

（一九四六年八月十七日の尋問記録より引用）

一九四六年九月二十八日、極東軍管区の軍事法廷にて、矯正・労働ラーゲリにおける禁錮十年の刑が宣告される。

その後の消息について情報なし。

三輪光正《マツマサ》

一九二二年、樺太島真岡《マオカ》郡二股村にて出生。瑞穂村の尋常高等小学校卒。農民。父三輪エイシオは六十五歳、母シナは五十七歳。妻キミコ・二十一歳、娘マサコ・一歳。兄弟姉妹はナブコ、タダオ、コシロの計三名。

一九四五年八月二十六日頃、途中忠雄がわが家を訪れ、今部の納屋で殺された朝鮮人たちの遺骸を埋める必要があると語った。私は同意を与えた……。納屋に到着すると、納屋の居住半部から栗栖昇が現れて、部屋には生きた朝鮮人が座っていると語った。どうやら気は失っているものの存命だったようだ、と私は断言できる。

（一九四六年八月四日の尋問記録より引用）

一九四六年九月二十八日、極東軍管区の軍事法廷にて、矯正・労働ラーゲリにおける禁錮十年の刑が宣告される。

その後の消息については情報が欠如する。

長屋《ナガヤ》昭雄《アキオ》

一九二七年、樺太島真岡《マオカ》郡清水《シミヅ》郷《ヴォロスチ》瑞穂《ミヅホ》村にて出生。尋常高等小学校卒。農民。父長屋タモイチは四十九歳、母トクは四十二歳。兄弟姉妹は、マツアコ・八歳、ミツオ・五歳、ソエミ・二歳、キミコ・十七歳、ミサコ・十四歳、テルコ・十歳。

若者組織「青年団」団員。

私が座って待ち伏せていると、私の方へ駆けてくる朝鮮人を認める。だが、私はこれまでに人を殺《あや》めたことがないから、怯《ひる》んで一発も発砲できず、朝鮮人が逃走中、とだけ叫んだ。私の叫びに駆けつけた人たちが、彼を殺害した。

（一九四六年九月二十七日の法廷での証言より）

わが家は大家族なのに働き手が皆無、私は最年長の子供である。朝鮮人らの殺害に加わって、自らも悪事を働いたと認める。

（被告人の最終陳述より）

一九四六年九月二十八日、極東軍管区の軍事法廷にて、矯正・労働ラーゲリにおける禁錮十年の刑が宣告される。

その後の消息に関するデータは欠如する。

橋本澄吉《スミヨシ》

一九二八年、樺太島真岡《マオカ》郡清水《シミヅ・ヴォロスチ・ミヅホ》郷瑞穂村にて出生。尋常高等小学校卒。農民。父橋本ヘイタロは五十歳、母カノも五十歳。兄ヒロユキは二十五歳。

若者組織「青年団」団員。

その夜は家で寝ていた。そこには私のほかに兄・橋本ヒロユキと、二股からやって来た兄の仲間四、五人がいた。早朝、まだ夜明け前のことだったが、私は細川博に叩き起こされた。彼は私へ、早急に支度するよう命じ、さらに「君は出かけねばならぬ！」と付け加えた。私は着替えてから表に出たが、何と、短剣を携えていた。

（一九四六年八月二十四日の尋問調書より引用）

一九四六年九月二十八日、極東軍管区の軍事法廷にて、矯正・労働ラーゲリにおける禁錮十年の刑が宣告される。

一九五五年四月十五日、日本へ帰国。

途中忠雄《ミチナカ》

一九二〇年、北海道常呂《トコロ》県佐呂間《サルマ》村にて出生。瑞穂村の尋常高等小学校卒。農民。父・途中トゥユシロは一八九四年、母フザは一八九六年の生まれ。兄弟姉妹は、カズエ・一九二七年生まれ、マシミ・一九三八年生まれ。

私は悪事を働いたが、当時は戦争だったし、祖国のために尽くすべきと考えた……。

（一九四六年九月二十七日の法廷における最終陳述より引用）

一九四六年九月二十八日、極東軍管区の軍事法廷にて、矯正・労働ラーゲリにおける禁錮十年の刑が宣告される。

一九五六年三月三日、日本へ帰国。

三船悦郎《ムフィネ・エツロ》

一九〇四年、秋田《アキタ》県由利《ユリ》郡矢島《ヤシマ》・キミススナイ村にて出生。妻三船マツとの間に六人の子供あり（名前の記載なし）。それ以外にデータなし。

一九四六年八月二十二日午前四時、森下泰夫、細川博、清輔大助がわが家を訪れた。森下が私へ語ったところによると、昨日の昼間、浦島在住の朝鮮人らを制裁したが、今は、今部所有の納屋に暮らす朝鮮人たちを片付けるため、出掛けねばならぬとのこと、そこで朝鮮人殺害の実行に私の手を借りるべく、来宅したと語った。そのような提案に私は意表を衝かれた。私らがなぜ朝鮮人を殺さねばならぬのか、と森下に尋ねた。私の質問に対し、森下と清輔が、今はそれについて語るべき場でもないし、時でもないと答えた。朝鮮人殺害に参加せよとの提案に、私は同意を与えた。私らの会話中、その場に立ち会っていたわが父は、朝鮮人殺害への私の参加に反対したものの、私は父の言うことに耳を貸さなかった。

（一九四六年七月三十一日の尋問調書より引用）

わが家は九人家族であるが、その半数は病人であるから、働き手が皆無である。私は、悪事をなしたことは認めるから、法廷が私の刑罰を減じてくれるよう求めたい。

（一九四六年九月二十七日の法廷における最終陳述より引用）

一九四六年九月二十八日、極東軍管区の軍事法廷にて、矯正・労働ラーゲリにおける禁錮十年の刑が宣告される。

一九五六年六月六日、日本へ帰国。

鈴木秀夫

一九〇六年、愛媛《エヒメ》県宇摩《ウマ》郡関　川《セキタ[?]ヴァ》村にて出生。尋常小学校卒。農民。妻鈴木トメは一九一〇年の生まれ。兄弟姉妹は、鈴木マサヒロ・一九〇八年生まれ、アラセキ・ハルコ・一九一二年生まれ、テラシタ・キヨコ・一九一六年生まれの計三名。

先回の証言は、正しく記載されていない。軍刀はいつも携帯してきたし、朝鮮人殺害にも、私は関与を望まなかった。殺害の現場へ赴いたのも、単なる好奇心からであった……。朝の五時に長屋昭雄宅に立ち寄ったのは事実だが、そこからは直ちに立ち去った。殺害現場でも、私は殺害実行者の間にもいたし、軍刀も携えてはいたものの、殺害には参加しなかった。また待ち伏せて立ち尽くす人たちの間にいたものの、待ち伏せには加わっていなかった。

（一九四六年八月十二日の尋問記録より引用）

一九四六年九月二十八日、極東軍管区の軍事法廷にて、矯正・労働ラーゲリにおける禁錮十年の刑が宣告される。

ソ連最高裁判所軍事参事会の一九五三年六月十五日付裁定により、刑期満了以前に釈放される。一九五三年十二月四日、日本へ帰国。

第4章　最初の犠牲者

夏山のどこかで
音を立てて木が倒れた
響き渡る遠い木霊
（服部）嵐雪

森下泰夫は、馬の嘶《いなな》きと、壁を叩く蹄《ひづめ》の音で目覚めた。咄嗟に、野獣か人間が馬をひどく嚇したものと判断した。軍刀を鷲摑んだ森下は、忍び足で厩舎に近づくや、扉を一気に開け放った。彼は全身で身構え、愛馬の許へ闖入《ちんにゅう》したものは何であれ、一刀両断に切り捨てる覚悟だった。

馬は主人の気配を察して、静かになった。馬の吐く温かい息が、心地よい香りとなって森下の嗅覚を刺激した。彼は立ち止まって、闇の中へ視線を走らせたのち、抜身の軍刀をひっ下げて厩舎の中へ入った。誰もいなかった。森下は馬の背峰の毛を軽く引っ張る。このような主人の手による愛撫のみを受け入れる愛馬は、頭を回して、湿った両の大唇を掌の中に突っ込んで、好物をねだりだした。

森下は納屋と住居を見回ったが、至る所異状なく静まり返っていた。だが、谷間をすっぽり覆って、曙光の到達を妨げる濃霧の中に、正体不明の不安は隠されていた。静寂が、ピンと張った弦のように、かすかに聞き取れる音を発していた。野獣が危険の切迫を感知するように、森下もまた形容しがたい不安に囚われた。

彼は、朧気な感情を意志の力で抑圧すべく、軍刀の柄を強く握り締めた。まさに帝国陸軍で、己の恐怖や愁訴を克服すべく教えられたように……。

彼は恐怖とは無縁だったが、かつての戦士としての経験は彼に聴力を研ぎすますよう強いた。かくて、彼は熟知する音どもを捕捉する。山脈の彼方からは、あたかも誰かが地中深く杭を打ち込むかのような、鈍い打撃音が散発的に聞こえてくる。森下は、これほどまでに不安が昂じる理由を把捉した。中口径の銃砲が発する射撃音だった。しからば意味するところはただ一つ、ロシア軍陸戦隊による真岡上陸作戦が進行中ということだ。

至近の四年間、戦争の試練を掻い潜ってきた最古参下士官として、森下は「行動を起こすべきだ！」と決断した。彼はいつも通りの機敏な動作で、馬に鞍を据え、軍刀を摑み、自らの引き締まった体を鞍の上に放り上げるや、狭い道を跑足《だく》で走り出した。

川辺では馬に水を飲ませる。留多加《ルダカ》川は濃霧と合体して見分けがつかない。柳の灌木の茂みや喬木林は、まるで川の上から吊り下がっているかのようだった。村からは物音一つ聞こえない。ここでは昨日、逢坂や二股から逃げてくる人々が群がって、上を下への大騒動——避難が続いていたのだ。ある者は浦島方面の遠くの渓谷を目指し、細川ヨキチの屋敷地に収容されたが、留多加町（現アニワ）の豊栄村方面へ向かう者もあった。そこまで辿り着ければ、汽船に乗って北海道へ渡るべく、大泊《オトマリ》まで行きつくのはさほど難しくないとの心算である。

森下は本道へ出て、ダイク川が貫流する窪地を抜け、気が付くと村の中心部にいた。馬を繫ぐと、村長の居宅までは徒歩で行く。家人はすべて不在だった。村長は避難の陣頭指揮の最中だから、帰宅不能なのは明らかだった。そこで、森下は巡査の許へ馬を進めた。巡査の石田《イセダ》リュヂロは、在郷軍人団の指揮を執る立場だから、今は防衛隊の先頭に立つべき人物だった。

石田巡査は、尊敬措くあたわざる森下泰夫を家に招じ入れたが、膳を据えたものの酒は注がず、ただ茶を勧めたに過ぎない。

森下は招待を受け入れて着座した。そして、砲声が聞こえたから防衛態勢を整えねばならぬ、と性急に語りだした。石田巡査は表情を動かすことなく、窓越しに靄のかかった薄明を凝視しつつ沈黙していた。

――村内にはスパイがうじゃうじゃおります――と、森下は述べた。

石田巡査は何も聞かなかったかのように黙りこくって、長いこと応えない。沈黙は、すこぶる長く続いたように思われた。彼は遂に口を開く。

――帝国で重要なことは秩序と規律である。命令が下されるなら、石田はそれに従おう。だが、如何なる命令もいまだ届いていない。

森下は暫時そこに留まったあと、主人に礼を述べ、深々と頭を下げると、敷居を跨いで立ち去った。

森下は、並足で馬を進めながら帰途に就く。彼は考え続けた。彼の思念は、灼熱の石が彼の心に点した痛みの周りを回り続ける。この痛みは、彼が天皇の声をラジオで聞いたあとで破裂し、頂点に達した。全国民は生まれてこの方、神と崇め続けた人物の声を初めて耳にしたのだ。天皇は日本の降伏を告げたうえで、耐えがたきを耐え、忍びがたきを忍ぶよう……常ならぬ声と言葉で呼び掛けた。

森下は、盤石を誇った関東軍が敗れたことも、米軍が首都圏に到達して帝都を爆撃したことも、ロシア軍がカラフトへ進撃中であることも信じられなかった。日本軍部隊が北緯五〇度線から南へ雪崩を打って撤退し、武器を放棄して降伏し、捕虜となっている、と語る避難民を、彼は目の当たりにもした。恵須取《エストル》を占領したロシア軍は、今や真岡に向けて上陸作戦を展開中、といった風説も蔓延していた。断じて否だ、と自らに言い聞かせる森下に、それらは到底甘受できる話ではなかった。帝国は不滅であり、たとえ千度の失敗を重ねようとも不滅は貫徹されよう。

森下の胸中では陰にこもった憎悪が沸騰し、捌《は》け口を求めていた。踵を返すと、彼は細川博の家へ向かう。細川は、戸口を叩く音を耳にすると、まるで待機していたかのように、着衣を整えた姿で飛び出してきた。今日《きょう》びでは皆が「着たきり雀」で就寝していた。

――奴らが来るぞ！――と、森下は荒々しく叫んだ。

細川は身震いして直立不動の姿勢をとった。不機嫌な下士官の前に立つ兵長に求められたように……。親密な隣人関係にも拘らず、服従関係は堅持されていた。

――奴らが進撃中だ。進撃を阻止せぬと、早晩ここにもやって来るはずだ！　行動を起こさねばならん！

細川は完璧な覚悟を披瀝する。彼はただ、

――われらは一体、何をなすべきだろうか――とだけ尋ねた。

森下は、馬の方へ向き直りながら言った。

――まずは考えること、寄り合いを持たねばならぬ。

十五分後、細川博は森下宅で、低めの小円卓を前にして座っていた。運ばれてきた幾つもの盃――絵柄で彩色された可愛らしい小碗――が、柔らかな音をたてて小卓の上に並べられる。主人も正座して席に着くと、それぞれの盃に酒が注がれる。森下は暫くの間、厳しい表情で黙りこくっていたが、突如、盃を飲み干し、歯軋りをして叫んだ。

――ロシア軍を連れてくるのは、こいつら犬どもだ！

彼は拳を握り締める。彼のコメカミからは、大粒の汗がこぼれ落ちた。

――奴らは裏切り者、スパイだ！　ロシア軍の水先案内だ！

森下は各自の盃へさらに酒を注いだ。

――何人かの朝鮮人はロシア語が話せるから、ロシア軍がここへ来たときは、日本人家族らが潜んでいる場所をたれこむに違いない――とまくし立てることで、彼は自らの憎悪の焚き火に、息を吹きかけだした。

――彼らはロシア人と一緒になって祝宴を催し、日本人をいじめだすだろう。

細川は森下の意見に与《くみ》するだけに留まらず、朝鮮人が日本人に対しては、常に敵意を抱いてきたことも、かねてより確信していた。

そこでまた、不運に見舞われることとなる。敷居の前に姿を現したのは森下の隣人、清輔大助である。彼の右手は革帯を握り締め、左手で一人の朝鮮人を追い立てていた。朝鮮人はこの村の者ではなく、余所者であった。

――泥棒を摑まえたぞ！――と、清輔は意地悪げに叫んだ。

――わしは泥棒ではないよ――と、仰天した朝鮮人は口ごもる――マルヤマという名の朝鮮人がどこに住んでいるか、尋ねたかっただけなんだ。

清輔はそれに耳を貸さず、続ける。

――われらの村では、誰も鍵を持ったことがなく、扉にも鍵はかけなかった。盗みもなかったのに、今やほれ、この通り、盗みが始まったぞ。

暗い表情の森下は口を「への字」に曲げて、第三の盃を黙って引き寄せると、そこへ酒を注いだ。清輔はそれを飲み干して、箸で摘んだ肴を口へ運んだ。

――此奴《こやつ》らは今や大胆となり、元気になった。ほれ此奴のように、既に盗みに出歩いてるから、いずれは略奪も始めよう。奴らはロシア軍の到来を待ち構えてるのだ。

——それは違う——と、朝鮮人は不明瞭に口ごもる——わしらは誰も待っちゃいないよ。

——こいつは、わが家から阿片を盗んだから——清輔はさらに語り続ける——奴は盗人《ぬすっと》だ。

森下が立ち上がると、残りの者らも起立した。

——黙れ！——と、森下が吼《ほ》える。

朝鮮人は身震いして、青ざめた。

——奴を連れてゆけ！——と森下は叫んだ。

清輔は再び、留金のついた自分の革帯で朝鮮人を縛り上げると、その袖を掴んだ。軍刀をひっ下げた森下と細川が、あとに続いた。彼らは森下宅を出ると道なりに進み、清輔宅に通じる小径に至ると曲がって、今度は小径を行く。

——停まれ！　手を上げろ！——と、細川が命令を発した。

朝鮮人はどうやら自分の命運を悟ったようだった。彼は震えの止まぬ両手を上げたが、その眼は恐怖のあまり大きく見開かれていた。

細川は、胸ポケットからはお金を摑み出し、ズボンから取り出した汚れたハンカチは、汚らわしそうに投げ捨てた。現金の方は、

——此奴にはもはや用のないものだ——とのたまって、自分のポケットに納めた。

清輔は直ちに金切り声を上げ、朝鮮人の顔を狙って革帯で一撃を加えた。後者はそれを手で遮ることができたから、留金の打撃は肩が引き受けることになる。それは、清輔をさらに一層激昂させる効果しか生まなかった。彼は罵り言葉を吐きながら、我を忘れて殴打に熱中しだした。そこへ細川が加勢に飛び入り、下か

ら膝蹴りを加えたから、朝鮮人はもんどり打って背中から倒れた。彼は依然として、清輔の殴打から顔を護ろうと必死だった。細川は、横たわる朝鮮人の下腹部を殴り続けた。朝鮮人は苦しげに呻き声を上げて、両手で鼠蹊《そけい》部を引っ摑んだ。清輔はすかさず彼の顔を留金で殴打する。両眼から血が噴き出した。最後に、森下が近づいて、瞬時の素早い動きで朝鮮人の腹に軍刀を突き刺した。朝鮮人はかすれた呻き声を上げだして、痙攣を始める。

——どけ、どけ！——と、森下は絶叫した。

彼は後ずさりしたのち、素早く飛び込んで、軍刀を振りかぶった。腕の引きの大きな一刀両断は、まさに名人芸だった。頭部をなくした遺骸からは、どす黒い血が大量に噴出する。

森下は軍刀を柔らかな地面に突き刺す。柄がぶるぶる揺れだした。軍刀を引き抜いた細川は、素振りしたのち、鍛え抜かれた所作で、胴体目がけて刀を振り下ろした。

彼らは、そこに暫時立ち尽くした。血は幾つかの凝塊の形で冷えて固まり、黒ずんでいった。

森下は、首尾をめぐって誰かが心配することを慮《おもんぱか》って、

——万事、手抜かりはないさ——と言った。

清輔は、引っこ抜いた一握りの草を、上から振りまいた。そして、駆け足で帰宅すると、スコップを携えて戻ってくる。細川は刀の刃を念入りに拭った。それからは一語も発することなく、彼らは、殺害現場である清輔の野菜畑に、殺された男の遺体を埋めた。

彼らは三人揃って森下宅へ戻った。軽食を取り、お茶を飲み、戦場におけるさまざまなエピソードを語り合った。細川が現金を数え上げると、二五〇円もある。現ナマは当面、山分けしないことにした。日本の通貨はもはや誰も使えなくなることを、あたかも予知していたかのように……。

＊　＊　＊

一九四六年八月七日の清輔大助被告に対する尋問調書から

いずれも瑞穂村民である日本人と朝鮮人の間の相互関係は、ソ連との戦争以前も、また戦争の最中でも、格別に良好であった。これを立証するのは、日本人であれ、また朝鮮人であれ、もし村人の誰かに食料ないし物品の欠乏が生じた場合、彼らはいつも自発的に、相互に融通し合っていたという事実である。

法医学鑑定専門委員会記録から

一号孔は、居住地点から二キロの所に所在する。同孔から二五〇メートルの地点に一軒の独立家屋あり。一七メートル先には留多加川の流路。同孔の立地する留多加川左岸には、椴松《とどまつ》の若樹が密生する林が見出される。

一号孔に関わる検屍所見――表土層を三〇センチメートルほど剝がしたところ、胴体から切断された頭部が現れた。検屍結果――頭部は鋭利な刃物で切断され、第四頸椎は中央部で両断されている……。その下方には、第五腰椎部において胴体から切り離された下肢が、左右別個に見出される……。下肢のさらに下方に見出されたのは、肩甲骨と鎖骨、両上肢を伴う完形の胸郭……。上半身に関する検屍所見――右側肋骨にはあまたの骨折が認められる。右側肩骨と右側鎖骨も、やはり骨折を起こしている。内臓諸器官は欠如する。

第5章《華麗なるペスト》

日本は、この国における人民大衆の安寧の保護を自らの課題に掲げている……。日本は、この自らの道に立ちはだかる者は、何人といえども犠牲に供することを辞さぬ覚悟である。この民族を統治するにはただ一つの道しかなく、それは厳格・無慈悲な手段である。

「ソウル・プレス」紙（一九一〇年）より

一人の朝鮮人が偶々被ることとなった私刑が実行される際の安易さは、状況の異常性によって規定された、と見ることもできる。古い権力が音を立てて崩れていくのに、新しい権力はいまだ視界に現れず、絶好の一瞬である。犠牲をめぐって君臨したのは、完璧なる無禁止・無制約かつ無防備の状況である。

これは、ある程度までは正しい。だが、人の運命は何よりもまず、彼の祖国の命運によって決定される。朝鮮史からほんの一頁を開いてみよう。

かなり広範な読者諸兄姉は、「鮮やかな朝の国」が一九一〇年、日本の植民地となった事実をおそらくご承知であろう。しかるに、いわゆる一九一〇年の条約は、より強力な隣国へ、長期にわたり拡張主義政策を推進する機会を与えただけに過ぎず、また資本主義的発展の学習は、むしろ同国にとって大いに役立ったのだという事実を知る者はほとんどいない。それはまた、かなり劇的な時代でもあった。以下では、わずか数場面に的を絞って、その時代の図解を試みたい。

一八七六年二月、朝鮮側は軍事力の圧力の下で日朝通商条約に調印する。対日通商のため最初に開港されたのは釜山《プサン》であるが、さらに二カ所の港湾地点も開港となる。日本人商人のあとを追う形で、彼らの商業的利益を保護すると称して、役人たちも相次いで来朝した。「保護者ら」は日本政府を介して治外法権を獲得する。これにより、朝鮮の領土内に滞在する日本人商人は、住居の不可侵、朝鮮の裁判所が行使する訴追権からの免責、兵役と納税義務の免除といった、格別な特権を持つようになった。朝鮮の当局者は自国内において、外国人商人の行動に対する統制権を有さなかった！

次に大きな措置が取られたのは、前世紀末のことである。一八九四年、日本と中国の間で短期間の戦争が出来した。この戦争の特徴は、朝鮮の領土……が戦場となったという事実に求められる。朝鮮政府は、日本が中国の軍隊を国外へ駆逐してくれるものと信じていた。日本軍は、自らに課された使命の遂行に邁進する。ヨーロッパ人のある目撃者が残した証言によると、「日本軍はまるで中世期のペスト《チュマー》のように、国内を縦横に駆け巡った」という。

中国軍は敗走し、国外へ駆逐される。その代わりに、日本軍が残留する。日本が国外に領土を拡張する様は、あたかも山裾に発した火事が全山に拡がるがごとく半島の全域に拡まった。日本の利権会社は金を採掘して、その獅子の分け前を本国へ搬出しだした。日本の漁師たちは朝鮮の沿海で魚を捕獲していた。日本人入植者は朝鮮人から土地を奪って、そこに住居を建設していった。日本の諸銀行は、植民地支配者に出資した。朝鮮で操業する日本人の織物工場や紡績工場では、従業員日当として日本人には六十五銭《チョン》も支払われたのに、朝鮮人の場合はわずか六銭だった。

一九〇四〜〇五年の日露戦争に勝利を収めて以降、日本は朝鮮政府に対し、一切の気兼ねをしなくなった。日韓保護条約への署名を強いる方策として、むくつけくも皇帝の宮殿を軍隊に包囲させた。朝鮮には占領体制が樹立された。伊藤博文公爵が、全権委任された総監として韓国総監府に着任する。彼の手中には、立法・行政・司法の三権が集中し、半島に駐留する日本軍は――二十六個歩兵大隊、八個騎兵中隊、三個大口径砲中隊、ならびに、沿岸の諸重要拠点に狙いを定めて半島沿岸部を常時遊弋する軍艦など――全軍が彼の指揮下に入る。伊藤総監は、緊密で効率的な憲兵隊配置網を構築する。一九〇六年の朝鮮では憲兵隊哨所《ポスト》が二十を数えたとすると、二年後にその数は十倍以上となる。憲兵隊は懲罰の道具となるだけに留まらなかった。村々では内通者の支援の下に、いわゆる「自警団」を創出することにも成功する。農民らを連帯責任によって縛り上げた。自警団に課された任務はパトロールの実施、対パルチザン・スパイ活動、住民からの武器押収である。逸脱を摘発した場合、懲罰は一村全体――有責者と無実の村民の双方――に及んだ。

総監の在任初年度に、伊藤は「移住者保護法」を公布する。宮殿など大邸宅については、土地売買禁止令が撤廃された。かくて移住者の奔流が朝鮮を急襲する。移住者らはただ同然で地所を入手・転売し、そして最も肥沃な土地や森林用地、漁場は単に奪取していった。

ここでは外国人観察者に語ってもらおう。長らく朝鮮で暮らした英国人ジャーナリストのマッケンジーは、あるロンドン紙で次のように記している。

朝鮮人の財産、農産物、漁業権その他は、日本からの移住者たちによって完膚なきまでに奪われ、所有者らは殴打され、辱められた。また、漁場が朝鮮人から強制的に取り上げられることも珍しくなく、抵抗を試みた者は殺された。日本人兵士は、些細なことを口実に朝鮮人を半死に至るまで殴打した。各兵士は自らを全権付託された判事と勘違いして、ふと思いついた刑罰を気儘に執行した。

資産所有者となった彼らは、日本の占領統治当局とともに、朝鮮人パルチザンに対する統一戦線を結成する。日本人移住者らは当局から武器を受け取って、憲兵や軍隊とともに懲罰行動に参加し、森深く潜伏するパルチザンを追跡した。瑞穂村での諸事件に先立つこと三十年余りの時点で、日本人の憲兵や予備役将兵は、朝鮮それ自体においても、今部の納屋に向けて行ったものと同様な襲撃を実行し、占領者に対する不忠誠の嫌疑だけで、裁判や審理を抜きに殺害していたのだ。日本人は自らを朝鮮の主人であると勘違いしていた。朝鮮人には自前の純宗《スウヂョン》帝がいたものの、国を統治していたのは日本人総監である。村落でも郡長は日本人だった。法廷でも審理を牛耳ったのは日本人である。警官もまた日本人だった。

全朝鮮民族は、自前軍隊の解体を自らに加えられたビンタと捉えた。一九〇七年七月十九日、父親の存命中に玉座を襲位した新帝純宗は、その二週間後、即ち八月一日には既に自国軍隊の解散に関する勅令に署名している。純宗帝は、占領者の要求にあたふたと応じたのである。

当日にソウルで展開された出来事の次第は以下の通り。軍務大臣李秉武《イ・ビョンム》は、ソウルの各守備部隊指揮官に対し、兵士らを武器不携帯のまま練兵場に集結させよ、との命令を発した。その前夜、伊藤総監と駐剳軍司令官長谷川［好道］大将は、翌朝八時までに訓練場《フリリョンヴォン》広場を完全包囲するよう指示していた。同広場には、戦闘行動を遂行すべく完全装備の騎兵部隊、歩兵部隊、工兵部隊の大群が集結する。非武装の朝鮮軍部隊が整列を終えると、李秉武が登壇する。彼は正装に勲章を満載して輝くばかりだった。彼の仰々しい声は、皇帝勅令の本文を広場中に轟かせる。

――朝鮮軍は傭兵部隊であるから解散させるべきであり、徴兵制に基づく軍隊を新設する必要がある。

――兵卒ならびに下士官諸君、貴様らには解散が提案されている――という結語で、軍務大臣は演説を終えた。

日本人教官らは即座に、兵士たちから軍帽や肩章をもぎ取りだした。このような恥辱・侮辱・愚弄に耐えられなかった者も少なくなかった。最良の近衛連隊の指揮官朴　昇煥《パク・ソンフヴァン》は、全軍の面前で拳銃自殺を遂げた。兵士らは涙ながらに、自らの敵に素手で飛び掛かる。およそ一五〇〇人からなる一分隊は、武器を入手し、弾薬庫を奪うことにも成功する。市民からの援助も適時に到着した。しかるに、日本人の優位は絶対的だった。要塞の壁に前もって分散配置されていた機関銃が、火を噴き出す。軍刀や銃剣で刺殺された者や、軍馬に踏み潰された者も、少ない数ではなかった。生き残った者には、満杯の監獄が待っていた。軍隊の解体や大量銃殺は、武器の卓越性を立証しただけに留まらなかった。日本人は、自らの民族の卓越性をも確信したのである。

日本の植民地統治者の膨張主義政策に対する、朝鮮民族の側からの当然な回答は、パルチザン戦争であった。それは、愛国心の発露ではあるものの、多分に自然発生的で、またよく組織されていない分だけ、憤怒と熱血にも充ち溢れる運動だった。パルチザン戦争は、朝鮮民族の献身と勇気を物語る鮮明な一頁である。それが、組織の未熟性、朝鮮人の地主層や、生成途上の産業ブルジョワジーの背信の所為で、予め「挫折する」運命にあったのは、痛ましい限りである。

日本人の植民地統治者らは、パルチザン運動を文字通り焼き払い、血の海に沈めた。人民戦争が終熄しかける頃、一人の朝鮮人愛国者がテロ行動を敢行する。

一九〇九年十月二十七日、ハルビン駅は満艦飾の装いだった。封鎖線の向こうは高位の人たちだけに通行が許された。そこには、ロシアや中国の国家機関や、外国の外交機関を代表する人々が屯していた。最大集団を構成したのは日本植民地の代表者たちである。プラットフォームには、ロシアと中国の儀仗兵が整列する。最近まで朝鮮総監だった伊藤博文公爵を出迎えるためだ。彼とロシアの大蔵大臣ヴェ・エヌ・ココフツォフの交渉が、ここで催されることになっていた。

　賓客を乗せた列車が停まると、ココフツォフと数人の高官が公爵の車両に乗り込む。暫時の挨拶と世辞の応酬ののち、伊藤とココフツォフは、出迎えた人々の前に姿を見せ、儀仗兵の隊列に沿って歩き出す。だが、儀仗兵の左翼と、捧呈のために整列したロシア人将校団の間へ、若い朝鮮人が滑り込んだことには誰も注意を払わなかった。彼の服装・物腰・足取り、また外見それ自体も、彼の中の知性を強調していた。伊藤とココフツォフが観閲を終えたまさにそのとき、彼は前面にせり出してくる。若い男はブローニング自動小銃を摑み出すや、伊藤に向けて三発を連射、残りの実弾は銃から抜いて、公爵に随行する日本人グループへ差し出した。狙撃者の所持した武器はどうやら、かなり上等な代物だったようだ。公爵は客車内で数分後に絶命し、彼の随員からも三人の負傷者が出たからである。

　すべてはほんの数秒の出来事で、誰にも武器を払い落す余裕はなく、一人の護衛官が飛びついて取り押さえたものの、後の祭りである。若い朝鮮人は平静で、全く抗うことなくブローニング銃を引き渡すや、その場に居合わせた人々に向かって絶叫する。

　――朝鮮、万歳！

　自分の名を隠そうとする気配はさらさらなかった。

　――安重根《アンヂュングン》、愛国者だ。

　安は暗殺実行の約二年前、ロシア領極東地方へ逃亡する。四人の友人と語らって、朝鮮民族のあらゆる災禍に対する復讐を誓い合った。愛国者安はポルト・アルトゥール（旅順）で裁判に付された。法廷では、日本植民地の統治政策を暴露する論陣を張る。そして刑が執行された。

　伊藤の暗殺は、朝鮮におけるパルチザン運動に新しい波をもたらす。だが、それは束の間の高揚であって、忍び寄る併合を食い止めることはできなかった。否、むしろそれを推し進めさえした。

そこで一九一〇年八月二十二日には、併合条約調印の先駆けとなる儀式が遂行された。寺内正毅総督は、総督府高官の全員を式典へ招待する。最後に到着したのが純宗帝であった。

寺内はそこで演説に立ち、朝鮮人が今後は日本企業に勤めて良い給料が得られるから、高度な社会的安全保障体制の下で暮らし、物質面では豊かになろう、そして朝鮮民族はこれより日本文化のあらゆる福利を享受することになる、と告げた。純宗の許へ署名用文書が届けられた。彼の中で何が起きたのかは、曰く言い難い。彼はどうやら、大道で強盗一味に捕らえられた巡礼者が、「財布か、それとも命か」の択一を迫られたときの心境と、同じものを感じたようだ。純宗が逡巡し始めると、日本の将官連は、これ見よがしに武具をガチャつかせた。

あるロシア人外交官は、まるでペストのごとく国を荒廃させた、将官たちの行状を記述する中で、彼らが自らの役割を華麗に遂行したと力説している。

それでなくとも生来臆病者の皇帝は、完璧に意気阻喪して泣きじゃくり、前もって準備された併合条約の本文に同意を与えた。

この文書は飛び切り簡潔だから、ここでは三条項を全文引用する。

一条　朝鮮皇帝陛下は日本の天皇陛下に対し、朝鮮に対する全権力を、全面的かつ未来永劫にわたって譲渡する。

二条　日本の天皇陛下はこれに完璧な同意を表明し、朝鮮の日本帝国への併合を確認する。

三条　日本の天皇陛下は、朝鮮の皇帝陛下、父君の先帝陛下、皇太子殿下、ならびに彼らの妃や子孫に対して、称号・尊厳・名誉が護持されること、また彼らの地位に相応しい生活を維持すべく、十分な額の年次手当てを提供することも約束する。

その先で語られたのは、皇室成員らに対する福利、日本への貢献著しい者や、遵法精神に富む朝鮮人は、称号や年金をもって報いられること、などである。ただし、朝鮮民族については一言も触れられていない。

そこで、朝鮮はこれより朝鮮総督府領となり、純宗帝もほんのお飾り的な存在と化すが、彼の民族は、三流納税者として、日本の帝の臣民へと移行していった。

朝鮮からは、綿花・米・豆類・牛・原皮・高麗人参・金・海産物・木材が、奔流のごとく潤沢に日本へ流入した。日本から朝鮮へもたらされたのは、織物・灯油・獣脂・飲料・金属製品や、今のわれわれならばそう呼ぶような、ありとあらゆる日用消費財である。

朝鮮からは、自らの故郷の土地から追い立てられた農民や、日本の機械生産品のせいで零落した職人が去っていく。彼らは安価な労働力となっていった。朝鮮へやって来たのは役人や、警察・憲兵隊の勤務員、将校・起業家・商人・予備役将兵、また半島において俄か成金となるための機密情報や公認手段を熟知して、一攫千金を夢見る山師らである。

併合のわずか三年後には、中国で暮らすロシア人商人のみならず、ブラゴヴェシチェンスク、イルクーツク、ヴラヂヴォストクの教養ある読者も眼を通していた「ハルビン通報《ヴェスニク》」紙が、朝鮮へ自前の記者を派遣した。記者は一九一三年七月二十六日付の同紙で、自らの印象を以下のように記している。

途中で稀に出喰わす寒村は、家屋数が二十戸ほど、多くても三十戸止まりだ。これらの房子《ファンザ》はあまりにも惨めな姿なので、こうした「犬小屋《コヌラー》」が果たして人の住処なのか、と疑問すら覚える。半ば腐敗した藁屋根と、崩れた粘土壁をさらけ出す小さな畜舎を想像されるならば、朝鮮農家の、多少とも実像に近い姿が得られよう。

人民大衆の幸せなど、どこを探してもない！　約束された厳格と無慈悲に関する限りは、十分すぎるほどふんだんにあった。

第６章　浦島における制裁

鳴呼　凄まじい憤怒は目をくらませ
その理性も曇らせる！　無分別のなか
彼は　あたりに何も見ず
怖ろしや！　怖ろしや！

観世小次郎・信光『船弁慶《フナ・ベンカイ》』[26]より

八月二十一日の朝は騒がしく、気ぜわしかった。ロシア軍進撃のせいで真岡との通信が途絶え、列車の運行も中止されて、慣れ親しんだ生活秩序が乱れて崩壊したことは、皆が知っていた。村の近くでは戦闘のみならず、暴力行為や略奪も危惧されたから、昨日は避難を見送った人たちも、今日には避難していった。

(26)『平家物語』や『吾妻鏡』に取材した能楽作品『船弁慶《ふなべんけい》』。歌舞伎の演目にもなっている。引用文は平知盛の亡霊が登場する場面であるが、原曲では「あたりを払ひ、潮《うしほ》を蹴立《けた》て、悪風を吹きかけ、眼もくらみ、心も乱れて、前後を忘《ぼう》ずる、ばかりなり」（観世小次郎、小山弘志・佐藤健一郎校注・訳『船弁慶』〔『謡曲集』二〔新編日本古典文学全集59〕五〇四頁、小学館、一九九八〕）となっており、ニュアンスが若干異なる。なお、ガポネンコ氏は当該断章を、『丹波の鳥追い与作の夜の歌』所収の露語版『船弁慶』（Кандзэ Кодзиро Нобумицу, "Фуна-Бэнкэй," в кн.: *Ночная песня погонщика Ёсаку из Тамба: японская классическая драма XIV-XV и XVIII веков*, стр. 107, Москва: Художественная литература, 1989）から引用したものと忖度される。

鈴木政義《マサヨシ》（すみよし）が暗闇の中で叩き起こされたのは、多分、五時頃だったろう。旅立ちのため集結したのは父、母、兄弟姉妹、従兄弟と従姉妹である。掛け値なしの必需品を詰め込んだ小包を手分けして抱えるや、浦島へ向けて出発した。娘らや父親に合わせて、ゆっくり進んだ。空同然のリュックサックが老人の負担になることよりも、皆は彼の不自由な脚の方をむしろ気遣った。集結して小休止を繰り返しつつ進むうちに、彼らの行く手では、晩夏と草臥《くたぶ》れた原野の香りを満載して清々しい、露でそぼ濡れた朝が到来する。左手を流れる留多加川は、秋の訪れを誘《いざな》うがごとく、冷たい霧に包まれていた。果たして、戦争は直ぐそこまで迫っているのだろうか。

栗山吉左衛門の家近くまで来たとき、戦争の気配は顕わとなる。既に午前七時を回っていた。栗山宅の前には、短い軍刀を腰に帯びた森下泰夫が立っている。彼は、避難中の人たちに近づいて挨拶し、鈴木政義に向かって声をかけた。

——君はここへ、村に残れ。ロシア軍の兵隊さんがやって来たら、さしずめ道案内だな。

森下には誰も逆らわなかった。（鈴木）政義はおとなしく親族たちに別れを告げ、直ちに軽量荷物を従兄弟に渡すと、栗山宅の庭で丸太に腰を下ろしている、何人かの同輩者や村の友人たちの方へ歩み寄って、笑いかけ、挨拶を交わし、並んで腰を掛けた。

同じ頃、細川博の方は千葉政志の家に到着する。これほど早い時間の隣家訪問は、以前でも別に驚かれることはなかったろう。往時であれば家政や天気や収穫など、話題に事欠くようなことはなかった。今や、話すべきことは何もない。行動せねばならぬ。細川は軍隊口調でがなり立てた。

——全員、栗山宅に集結中。武装して出発すべし。

細川より十六歳年長の千葉は、剛毅の性格で自立心にも富む人物とはいえ、軍隊の肩書きでは細川と同格だったから、今度ばかりは、年少者の先任性を無条件で受け入れた。彼は銃を背中に背負い、軍刀を帯びた。早くも道すがらで、細川は決定事項を口にする。

――昨日、一人の朝鮮人を殺害したから、ほかの奴らも制裁せねばならぬ。

四十二歳の農民である千葉政志は、息子五人と娘三人の父親だったが、一言も反駁《はんばく》せず、一族が百七十年も家宝として伝承するとされる日本刀を、より力を込めて、ただ握り締めるだけだった。

彼らが栗山宅の庭に入るや否や、自分の家族を乗せた清輔大助の馬車も姿を現した。清輔は馬を停止させて、若妻へ手綱を預けるや、自分は男たちの方へと向かった。森下泰夫、細川博、栗山吉左衛門、千葉政志、そして到着したばかりの清輔大助は、暫しの間、何かを小声で話し合った。

清輔は妻の許へ戻り、馬車内に座る忘我状態の老人たちへ訓示を垂れると、追っつけ駆けつける、と付け加えた。馬車は、主人を残して走り去った。

その呪われた朝には、すべての道があたかも栗山吉左衛門宅に通じているようだった。大人たちは三々五々集まり、若者らは一団となって到着した。初老の日本人高橋ヨリミツさえ、避難民から米を調達すべく派遣されたにも拘らず、ここに残ることになった。米は、協同組合の倉庫で既に受領していた。栗山は、米二袋の運搬を通りすがりの輸送車に託したのち、高橋自身には、既に二十人ほどを数える参集者のために、昼食の準備を依頼した。全員の顔に不安が漲る。日本が敗れたのだ！　これからどうなるのだろうか。グループ毎に集まって、まるで追悼式のように囁き合っていた。

手に暗色の平たい壜を抱えた栗山吉左衛門が、母屋から出てきた。息子の昭二《ショジ》はグラスや彩色を施した可愛らしい碗［即ち盃］を盆に載せて運んできた。主人は、水で割ったアルコールを注ぎだした。全員の目が一瞬輝いたものの、その喜びを声にする者は、一人もいなかった。酒は、退却する避難民の波がカラフトの南へ押し寄せた日々以降、村の上を漂ってきた各種激情を暴発させる。アルコールは、敗戦やら、山中逃亡の必要性やら、北海道渡航の不可能性に対する、溜まりに溜まった屈辱感に火をつけた。

森下は絶叫する。

——奴らを始末せねばならぬ！

即刻、四方八方から合の手が上がるが、それら合の手は、なるほどいささかの新味もないとはいえ、参集者それぞれの胸にはジンと響くものがあった。

——奴らは日本人を攻撃しておる！　われらが家を強奪しておる！

——奴らは日本人婦女子に暴行を働いとるぞ！　避難民が皆そう訴えてる。

確かに、それを伝えた避難民は誰なのか、またそのような噂の出所については、誰も語っていない。根拠や事実は差し当たり不要なのであって、聞きたいものを聞き、互いに同じことを繰り返し合い、納得済みのことを改めて自らに納得させようとするのだった。

永井幸太郎が片手を挙げる。周りが静かになると、彼は声を上げた。

——俺は知っているぞ、奴らが灯火管制を守らぬことを、また夜毎には赤と青の灯火で、ロシア軍の飛行機に信号を送っていることもだ。

再び、誰にも疑問の余地は残さなかったものの、朝鮮人はそもそも、どんな信号を何の目的で送れるのだろうか。瑞穂村近辺には、民間施設も軍事施設も皆無ではないか。とはいえ、永井が尊敬に値する人物で、七人の兄弟姉妹を有し、夏場には父親が二人の労働者を雇っていることも、周知の事実だった。永井幸太郎は皇国陸軍で兵長の位まで勤め上げて、八等勲章と対中国戦従軍賞牌の栄誉にも浴している。

——奴らは今や、赤い着物《べべ》を着て、日本人の鼻先で踊ってくれるよ！

――朝鮮人はいつも、怪しからん人たちだった――と、清輔大助は断言する――俺らを裏切り続けたし、明日にでもロシア軍が到来するなら、俺たちの家族を引き渡すに違いない。そもそもロシア軍をここへ案内するのも奴らだ！

清輔はそう言いながら手を上げて、家族たちが避難して行った方角を指し示した。

細川博が前に進み出る。若者組織「青年団」の団員である若者たちは、なかんずく細川武が率先垂範する形で、さっと集合した。つい最近のこと、いまだ夏の頃だったが、彼らの教師である細川先生《センセイ》が軍事教練の指導を担当、恒例の秋季閲兵式へ向けて彼らの訓練を重ねていた。二股か逢坂で挙行された式典には、一人の将校が豊原から参加していた。同将校の賛辞を勝ち取れたのは喜ばしい限りである。したがって、担当教師の高度な要求にも拘らず、若者らが腹を立てることはなかった。彼らは自らの師に対して、かつての戦士が青臭い青年の許に惹起するような憧憬の念を抱いていた。彼は能力、堅忍不抜、決断力のゆえに尊敬されたのである。彼らがどのように行動すべきか判断のつかぬような場面でも、あたかも電光石火、太刀の一撃のごとく、先生は即断実行していた。

細川はまるで吐き捨てるように、言い放った。

――朝鮮人は、奴らが逃亡を図る前に、今日、殲滅せねばならぬ。ロシア軍が到来する前に殲滅せよ。

――静粛に！――と、栗山吉左衛門が小径の方を振り返りながら、突如として手を挙げた。

この小径は、二組の朝鮮人家族が暮らす二軒のあばら家へと通じていた。そこには常時、労働者の身なりをした住人が入れ替わり立ち替わり住みついていた。彼らがスパイ活動に携わっていないと、誰が断言できようか。

屋敷地へ向けて歩いてきたのは、三人の朝鮮人である。二人は顔見知りだった。親密な関係にあるとはむろん言えぬものの、会えば挨拶を交わすし、村内ニュースの交換もするし、ちょっとした労働奉仕さえ交換し合ってもいた。［第三の］老人だけは、誰も知らなかった。

押し黙った群衆の視線が、朝鮮人らに不吉な予感を覚えさせる。彼らは歩を緩めるも、引き返すのは不自然でありすぎた。三人は近づきながら、丁重に挨拶した。栗山の至近の隣人である夏川は、屋敷の主《あるじ》の方へ歩み寄って、お辞儀をした。栗山はアルコールをグラスに注いだ。

――どうかな、よろしければ一緒に飲まんか。

夏川は周りを窺った。グラスを手にする人はわずかだった。彼は困惑しつつも人を掻き分けて進んだ。彼個人としては、酒宴に招待されたわけでないことを承知しながらも、断れば、主人とその客人に対して礼を失する行為と解されかねなかった。夏川は飲み干したあとで、皆の好意を取り付けるべく語った。

――もしロシア軍が瑞穂へやって来ると、わしらにとってもすこぶるまずいことになるよ。

夏川の道連れは、振舞いに応ずることなく、やや離れた所に立っていたが、わずかに同意の印として、頭を振って頷くだけだった。

――ロシア軍は瑞穂には来ないであろう――森下は高らかに言い放った。

――日本人は強面《こわもて》で彼らに立ち向かい、勝利するであろう。大鎌を取れ！　竹槍を持て！――と、若者のうちで武器を所持せぬ者に対して、彼は命じた――ロシア軍と四つに組もうじゃないか！

若者らは瞬時に武器を整えた。森下はあたかも新着部隊を親しく迎えるかのように、ゆっくり接近して、角田東次郎と肩を並べるや、角田へ何事か囁いた。千葉正志の軍刀を摑み取った角田は、いきなり夏川に飛びかかって、その右肩に力任せで切りつけた。

――これでも喰らえ、ロシアのスパイめ。

夏川は、左手で傷を抑えつつ、灌木の茂みがある川辺へ向けてひた走る。ほかの朝鮮人たちも逃げ出した。

――捕まえるんだ！　捕まえよ！――という叫び声が一斉に轟いた。

一発の銃声が鳴り響く。これは、馬車の陰からほとんど真正面に向けて、千葉正志が発射したものである。一人の朝鮮人が倒れ込んで、動かなくなった。

号令と事態の急変に急き立てられた群衆が、追跡のため走りだした。瞬く間に追い付かれた老人は、突き倒され、全身を殴打されだした。哀れな老人は茫然自失、全身をがたがた震わせていた。だが突如として、彼は思い掛けない素早さで、攻撃者の一人の衣服を鷲摑んだ。彼は頭を足で蹴飛ばされ、肋骨を滅多打ちされるも、ぜーぜーと呻き声を上げるだけで、眼前のものはもはや何も見えぬのに、溺れる者藁をも摑むがごとく［摑んだ服は］離さなかった。そこで、両手が軍刀で突かれた。とどめを刺したのは、数回にわたる竹槍の刺突《しとつ》だった。

夏川の追跡に当たったのは、森下泰夫、清輔大助、そして若輩の鈴木政義である。丈の高い草叢が夏川を匿ってくれた。森下は、繁茂する茂みを竹槍で掻き分けながら、川岸を慌ただしく探しまわる。突然、呻き声が聞こえてきた。森下は頭を起こし、爪先立ちで見回した。彼は瞬時に見当を付けるや、声へ向けて突進、二十歩ほど進んだ所で、気付くと怪我人の脇にいた。夏川は左脇を下にして横たわり、片手は相変わらず、切られた肩を抑えている。彼のシャツは血を吸って膨らみ、黒ずんだ指の間には血塊がべっとり付着している。森下は足で朝鮮人を蹴り上げて、仰向けに引っ繰り返した。顔はびしょ濡れ、夏川はどうやら傷口を押さえていた手で拭ったらしく、汚れまくっている。日本人らの姿を認めた夏川はギャッと叫んで、白目をひん剝いて動顚する。彼は起き上がるべく、俯《うつむ》けになろうともがく。森下は竹槍を鈴木に渡し、清輔から軍刀を受け取る。丁度そのとき、夏川は再度の寝返りに挑み、顔を下に向けることに成功する。無傷の手を支えに、彼がまさに立ち上がろうとしたその瞬間、森下は軍刀を彼の背中に突き立てた。倒れた夏川を、鈴木が竹槍で突く。竹槍は、先を斜めに切断して尖らせてあったものの、着衣に引っかかって先に進まない。鈴木が力を込めて二度目の突きを試みると、竹槍は素直に体内深く侵入した。

三人の朝鮮人を始末すると、若者らは栗山宅へ戻ったが、森下泰夫、永井幸太郎、清輔大助、千葉正志、細川博、角田東次郎の六名は、朝鮮人住宅が近接して建ち並ぶ一角へと向かう。道中では誰も、一言も発しなかった。彼らの行く手に、手を後ろに組んだ朝鮮人広山が通りかかる。狭い小道で出会った人たちは皆、互いに顔見知りだった。小道から脇へ避《よ》けた広山は、良き知人らに向かってお辞儀する。彼らの戦闘装束や険しい顔つきに驚きながらも、彼は強いて作り笑いを浮かべ、偏に慇懃《いんぎん》の証として、どちらへお出かけですか、と尋ねる。先頭を行く細川が立ち止まるや、清輔大助は広山にずかずかと近づき、革帯を振り上げて朝鮮人の首に激しい一撃を加えた。清輔は、蛇のように体に巻き付いた革帯を、ぐいと引き寄せる。跪《ひざまず》く形で倒れた広山は、諸手で革帯を摑み、自由になろうともがきながら咳き込みだす。細川が、ぐさっと軍刀を背中に立てた。広山は、あたかもお辞儀するがごとく、頭を地面につけて倒れた。後ろにいた誰か、永井幸太郎のようだったが、彼の頭部を刺した。脱力状態の広山は、ごろりと横になり、口からは血が流れ出した。細川と清輔は、それぞれが遺骸の手を摑んで、脇の方へ引きずってゆき、大きく枝を広げた楡樹の蔭の草叢に投げ出した。

十五分後、彼らは、朝鮮人丸山の家に入った。華やかな八月の昼は今や酣《たけなわ》で、両側の急峻な山脈に挟まれた、静かで狭い谷間は陽光で満ち溢れていたが、丸山の家に君臨するのは薄闇である。片隅では丸山の細君と、十三歳ぐらいの未成年の娘が、怯えて蹲《うずくま》っている。食卓を前にして座っていた、二人の朝鮮人が立ち上がった。丸山自身は、玄関の間で戸口を叩く音を聞きつけ、押しかけ客に応接すべく立ち上がろうとはしたものの、依然、身を固くして部屋の真ん中に座っていた。家の住人らはおそらく、朝方の射撃音を耳にしたであろうが、これほど多くの武装した男らが来訪し、しかも敷居口で履物も脱がず土足で上がってきたことで、彼らは恐怖のどん底へ叩き落とされた。

入室者らは一団となって暫く足踏みをしていたが、清輔大助が飲み物の提供を求める。細君が柄杓に水を汲んで夫に渡すと、丸山はあたふたと清輔に届ける。ほかの者もそれを回し飲みする。千葉正志は、飲み終えると、左手の指を曲げて口髭を撫で、右手では背中で銃の位置を正した。沈黙がわざとらしく続き、闖入者らは意味ありげに森下を注視していた。森下はいつもながらの厳しい口調で詰問する。

――女たちが、いまだに避難していないのはなぜか。

大音声で訊ねたから、細君と娘は縮み上がって、丸山の弁解も待たずに、衆目注視の下で直ちに旅支度を始める。朝鮮人や日本人たちは、あたかも彼女らの忙しない動きの中に、やがて多くの人の身にも振りかかることになる問題を、解決する鍵が潜んでいるかのように、彼女らの一挙一動を格別の関心をもって注視しつづけた。旅支度はわずか数分しかかからなかった。女たちは、ただ視線だけで主人と別れの挨拶を交わして、出口へ向けて歩きだすと、細川が呼び止めて、彼女らは彼の父、細川ヨキチの許へ赴かねばならぬ、と告げる。女らは、影のように姿を消した。

――われらは村を防衛するであろう――と、森下が言った。

――お前たちは、われらとともに行くのだ。

男らは支度に取りかかるが、森下が警告を発した。

――何も持たんでよい。

朝鮮人らは着の身着のままで出発した。自然の成り行きで、道中では、一人の朝鮮人に武装した日本人が一人付き添う形となる。

先頭を行くのが丸山で、その後頭部には清輔大助が息を吹きかけ続けた。行列の殿《しんがり》には細川と千葉正志が立った。

朝鮮人の殺害場所として選ばれたのは、広山の遺体が既に横たわる箇所である。開始の合図は、自分の革帯を再び行使する清輔大助の、お馴染みの掛け声だった。

――それ！

永井幸太郎は自分の犠牲者に向けて軍刀を振りかぶったものの、的が外れて、軍刀は彼の下顎を切り落としただけだった。後者は、胸部へ大量に落下した自らの血にむせて、悲鳴を上げ続けた。永井は何度も彼の後頭部に切りつけて、止めを刺した。

角田は、偶々手に入れた杭を駆使する。彼はこれで、一人の朝鮮人の頭や両肩や肋骨を殴打して、挙句の果てには、杭の尖った先を軟らかな腹腔に突き刺した。

八月二十一日の一日は、いまだその頂点に達しなかったが、浦島における朝鮮人への制裁はこれにて完了する。

＊　＊　＊

一九四六年八月十日付、栗山守の尋問調書から

殺害の終了後、清輔大助は永井幸太郎、角田東次郎、栗山サモヂ〔昭二か？〕、私――即ち栗山守――、鈴木政義を一列に整列させて、「気をつけ、栗山吉左衛門に礼！」と号令をかけた。栗山は報告を受けたあと、全員で遺体を埋めに赴き、証拠はすべて隠滅せよ、と命じた。

一九四六年八月十四日付、栗山昭二被告の尋問調書から

わが家の近くで森下がわれらに、スコップを携えて、浦島の外れまで乗馬で駆けつけるよう命じた。私、栗山守、鈴木政義はスコップを持って馬に跨り、道路を経由して浦島の外れへ赴いたが、森下自身は徒歩で、道路ではなく最短距離ルートを通って同じ地点へ直行した。走行距離が約一キロに達した所で、われらは四体の朝鮮人男性の遺骸を目にしたが、そこでは、細川博、千葉正志、角田東次郎、永井幸太郎、清輔大助、森下泰夫と出合った。これらの面々とともに、道路からさほど離れていない一カ所へ遺骸を運び、草で覆って残置し、われら自身は瑞穂村へ戻った。

細川博と栗山吉左衛門の対審調書から

栗山：一九四五年八月二十一日午前九時頃、拙宅を細川博、森下泰夫、清輔大助が訪ねてきた。彼らがわが家へ入るや、細川と清輔がいきなり、日本の敗戦や赤軍部隊の早急の到来について話しだした。ここで彼らはまた、赤軍の到着とともに、朝鮮人が日本人を虐待し、裏切るだろうとも語った。したがって、朝鮮人は殺さねばならない。この会話の進行中に、角田東次郎もやって来て、彼らを支持した。そのあとで、ほかの村民にも声をかけて、朝鮮人殺害の問題を相談することを決議した。

細川への設問：栗山証言を事実として容認するか。

答：はい、私は栗山の証言を認める。

栗山への設問：寄合い出席者の誰かから、朝鮮人殺害をめぐる軍当局者の命令の存在について聞いたことはないか。

答：ありません、寄合いの中では、朝鮮人虐殺をめぐる軍当局者の命令について誰からも言及がなかった。細川博も森下泰夫も清輔大助も語らなかった。

細川への設問：朝鮮人虐殺をめぐる軍当局者の命令に関する会話が、寄合いではなかったとする栗山証言を、事実として容認するか

答：はい、私はこれらの証言を全面的に認める。

法医学鑑定専門委員会の記録から

三号孔。脆弱土壌層の下方一〇～一五センチメートルの深さの所に二・五メートルの杭が見出され、これには蓆《むしろ》が紐で結ばれている。蓆の下からは、無秩序に横たわる、何体分かの遺体の下肢骨が出土した。

諸遺体の堆積の全体から出土する、先を尖らせた杭は、長さ八〇センチのものが一本と、二メートルの杭一本の、都合二本である。二、三センチの厚さの残留土層を排除する際、上下に重ねられた四体の遺体が発見された。各遺体を取り上げて地上に移す際は、四枚の蓆が一本の杭に結ばれた形で、孔の底部に見出された。一号遺体は最上段に位置するが、木綿布製の黒いジャンパーと同質のズボンを着用、地下足袋《タビ》を履き、遺体の頭部は切断され……後頭部に貫通孔あり、頬骨は亀裂を有し、前歯が欠如する。検屍所見——三十～三十五歳の男性遺体、肋骨には左右ともに骨折箇所多数あり。二号遺体は、身長一五六センチ、夏服——上着とズボン——を着用、地下足袋を履く。頭骨に二個の貫通孔あり、胸郭にも——杭の刺突による——貫通性損傷あり。検屍所見——二十～二十五歳の男性遺体、左側肋骨に骨折箇所多数。三号遺体も夏服を着用、地下足袋を履き、遺体からは右腕が切断されている……。検屍所見——三十～四十歳の男性遺体、左側下肢骨に骨折箇所多数。四号遺体は肌着シャツと濃紺のズボン着用、地下足袋を履き、顔面骨格と鼻、並びに下顎骨の一部が切除されている……。後頭部には、頭蓋腔に達する長さ一五センチの、刀剣で加えられた損傷あり。上肢骨と左右双方の肋骨に、あまたの骨折箇所

あり。着衣と骨格にもとづき、男性遺体と判断される。強度の腐敗と顔面骨格欠落のため、年齢は鑑定不能。

第7章　日本人佐藤の女婿たちと、彼らの束の間の幸福

虎から逃れて
獅子の穴に落ちる
朝鮮の諺より

三年前に亡くなった日本人佐藤(27)の娘たちに、災難を予告するものは皆無であった。一九四四年の末に夏川マサオに嫁いだ本田ミサコは、喜ばしい不安を覚えつつも、生ける存在のじれったい鼓動に、胸ときめかせて耳を傾けていた。

人の人生航路は、渓谷を縫って曲がりくねる川のように曲折に富み、また気紛れでもある。渓流は本流を目指して流れる。人を引き寄せるのは、たとえそれが他人のものであろうとも家庭の竈であり、愛や家族である。まさにこの願望こそ、ミサコという名の少女の許へ、夏川マサオを導いたものであるに違いない。彼は、かつて炭鉱を辞めて木材調達の仕事に就けたように、彼女の家に通じる小径を発見することにも成功する。彼が以前にタイガで木材を伐採していた頃、その現場へ通う道が瑞穂村を通っていたのだ。

ミサコにとっては、日本人に嫁ぎたいというのが本音ではあった。だが、村では若者がめっきり少なくなった。ある者は戦争に駆り出され、また学業のため、あるいは手を汚さぬ有利な仕事を求めて、都会へ出る者も少なくなかった。裕福な家庭の花嫁であれば、思い切って良縁を待つことも、はたまた都会の婿を期待

することさえ可能であったろう。しかしながら彼女は、申し込んでくれる男に嫁がねばならなかった。心は、そのお返しとして自ずと鳴り始めた。本田ミサコは夏川が気に入り、愛着も覚えたが、大きな幸福は望まなかった。彼らの結婚式にやって来た隣人たちは、祝いの言葉を述べ、質素な御馳走にも拘らず宴会を盛り上げてくれた。村落共同体は、そのような結婚に、どちらかといえば寛容だった。が、朝鮮人にあまり好意を抱かぬような者には、さらに低く頭を下げねばならず、さもなくば黙って耐えるほかなかった。

本田ミヨコは、つい最近の四五年六月に松下ジロの許へ嫁いだ。本国から届く報道が、米軍は都市を爆撃するとか、戦争は平和な市民までも巻き込むとか、品質低下の止まらぬ米が切符と交換に配給されるとか、また配給量《ノルマ》も減少の一途をたどるなど、回を重ねるごとに深刻さを募らせていった頃のことである。

しかしながら、姉妹は順調な未来を期待し、自らの平穏な幸せを信じてもいた。朝鮮人は軍隊に取られることがなかった、つまり、死なずに生き続けるであろう、と。

夏川マサオや松下ジロほど運のよい者は稀である。彼らは放浪生活に終止符を打ち、質素ながらもやはり家と呼べるもの――悪臭の立ちこめるバラックではない――を引っ摑んだからだ。呪わしい炭鉱に代えて、足元には柔らかい耕地、広々としたクローバー畑、円錐花序の芽を吹かせた燕麦の優しい感触がある。それに女とも一緒だ。彼女の秘密や豊かな家族関係の深奥を極めるのは、いまだ時期尚早だった。

(27)「佐藤」を形容する「日本人《ヤポーネツ》」が、ロシア語では男性形であるから、「ミサコ」、「ミヨコ」姉妹の父親が日本人であろうか（注14参照）。すると彼女らの母親は、「本田」という日本姓の朝鮮人であった公算が大である。一方、林えいだい氏は一九九〇～九一年の冬、ホルムスク（真岡）において本田姉妹（姉のミサコと妹のミヨコ）に会っているが、取材記には父親が朝鮮人で、母親は北海道出身の日本人と記載されている（林えいだい「三姉妹」〔『証言・樺太《サハリン》朝鮮人虐殺事件』二四二～五二頁、関連情報はなかんずく二四六～五一頁に見出される〕）。したがって、真実は依然として「藪の中」である。

実のところ、若き朝鮮人らの束の間の幸福に関するわれわれの情報は、ここまでが精一杯だ。だが、われわれは彼らの人生を、同胞らの具体的な運命にもとづき、一切の拡大解釈抜きで復元することができる。両者は、二粒の水滴のように瓜二つだからだ。

……当初、朝鮮人は［一九三九年以降］、雇用募集制度によってカラフトへ派遣された。「募集」は自由意志に基づく事業と見做されたが、その実は、強制的性格を帯びるものであった。応募者は、タダ酒が飲めるといったような口約束で勧誘され、早期の帰郷や満杯の財布も約束された。だが、業務回避を試みた者には、耐えがたい条件が創出され、危険思想の持ち主として名簿に記載されて、弾圧は近親者にまで及んだ。次に、［一九四二年以降は］国家の関与する「官斡旋」が導入されたが、一九四四年の秋以降は労働戦線への総動員令［の一環として「徴用」］が施行された。動員令からの回避は、戦時法による処罰を相当とする業務放棄と見做された。人間狩りが広範な沃野で展開される。

われわれはかつて、ホルムスク（旧真岡）市や、プラヴダ（旧広地）、ブィコフ（旧内淵）、ピャチレチエ（旧逢坂）といった集落において、最年長世代朝鮮人の少なからぬ数の人々と対話を重ねたことがある。個別の対話を、私は三人称の語り手による再話として伝達しようと努めた。そこから二事例を以下に紹介しよう。

……カラフト西海岸の山と海の間に残された狭い帯状の土地において、暗色の板張りバラックが犇《ひしめ》き合う炭坑集落(28)の上を、某日、激しい三月の吹雪が吹き荒れていた。すべては雪煙の中に沈み、至る所、生活の兆しは全くない。

しかしながら、あちらこちらのバラックでは、起床ラッパの音が響きわたると直ちに、窓という窓に黄色の灯がともる。細長い部屋では人の姿が、床から立ち上がる。人影はせかせかと動き回るも、聞こえるのはただ、かすれた咳ばかり。蒼白く陰気な顔という顔には、地下での重労働の名残が歴然だ。炭鉱夫らの吐く痰は黒ずみ、乾燥のためあちこちに吊り下げられた衣服も、やはり黒ずんでいる。茣蓙《ござ》の上に延べられてまた畳まれる、寸前まで人が眠っていた布団も同じ色調を呈する。暗色の煤けた壁に挟まれた空間では、重苦しい空気さえも石炭の漆黒を充満させているようだ。

バラックの中は寒いのに、鋳鉄製ストーブが夕方までは焚かれない――石炭を節約するためだ。あたかも義務のように遂行される、トイレにおける短時間のお勤めを済ませて、今や全員が食堂へ急行する。トイレ臭のしつこく残る薄暗い廊下では、足音が虚ろに響きわたる。食堂もやはり寒い。荒っぽく接合された食卓とベンチは炭塵でざらつく。それぞれの労働者の前には、小定量の米飯と、素《す》のスープ入り深皿が並び、深皿には昆布の小片や数滴の獣脂を採ることができる。

労働者らの流れは吹雪を衝いて坑道まで伸びている。人々の影は寒気や漆黒と融合し、ますます低くなって、次第に見えなくなる。通勤路は短く、バラック群は職場から最小限の距離に設営されている。労働者は銘々が小さな建物に立ち寄るが、そこでは工具や蓄電池式ランプを受け取り、ベニヤ板のボードに自分の番号札を懸ける。誰かの札が欠けていると、管理部の「猟犬」どもが瞬時に嗅ぎ付けるだろう。

坑道の薄暗い入口は労働者の縦列を、強力なポンプで圧縮された空気とともに呑み込んでゆく。坑道は、小山の胎内に掘り込まれた巨大な洞窟である。労働者たちは、厳格に定められた時刻に生産工程を開始すべく、自らの持ち場、水平坑道・切羽《きりは》へと散って行く。人々は、石炭を満載する一定台数のトロッコを地上へ

(28) 舞台は、後述のように西海岸の塔路《とうろ》（現シャフチョルスク）に実在した「大洋炭鉱」の炭住に設定されている。

搬出すべく、終日懸命に働き、一定の時間経過後は、マメをこしらえ、炭塵の中で喘ぎ、疲労と空腹に苦しむことになる。これらのトロッコを満杯にすることは、底なしの釜に水を注ぐのと何ら変わるところがない。石炭は小川のごとく流れ、コンベアーから落下して小山のように堆積し、遂には大きな山を形成するであろう。もしその積み下ろしが適時になされぬ場合、採炭工程に支障をきたすことになる。したがって、空トロッコは規則正しく配車されるから、ヂュ・サンヨンは石炭を際限なく積み続ける。彼はここに来て五カ月になるから、何とか仕事にも慣れ、夕刻には全身が痛むとはいえ既に順応を遂げたわけだ。いささかのズルも身につけた。作業時に体軀へ重心を移すと、腕の疲労はかなり軽減される。いつ何時、スコップに体を預けて一息つけるか、またちょっと腰を下ろすことが可能かも承知している。必要であるのは、軽快で無駄のない身体技法を身につけた初老の同郷人の行動を、慎重に観察することだけだ。先輩が仕事を中断したら、スコップを地面に立てるがよい、もししゃがんだら、自分も石炭の山に座ってもよい。だが、彼のスコップの動きが益々激しくなるようならば、全力投球を試みるべし。経験を積んだ労働者は、少なからぬ殴打に耐えた自らの背中によって、上司の接近を感知するものである。

しかし今日は地上が悪天候、あちらではきっと、暖かいペチカを囲んで待機しながら酒を飲むはずだ——テンポを落とすことができよう。石炭を掬うスコップの音もやや静かめ、坑内夫らもよりしばしば腰を下ろせる。まるで聾啞者のように黙りこくって座っている。でも聾啞者の考えていることは、生みの母ですら知る由もない。何について話せというのか。坑内の作業や規律は、滅多に話題には上らない。不用意な言葉が運命を狂わせて、人の命を奪うこともあり得るからだ。家についてだってか。誰だって胸の内では、自前の痛みや愁訴が重い澱《おり》となって渦巻いているものだ。だからこそ貶《おとし》められて哀れな祖国でも、優しい母のように思えるのだ。例えば、樅の樹が緑であることは、冬にならぬと気付かない。ただその故にこそ、祖国の方がもっと暖かだ、と実感するわけだ。あちらでは春明るく、花は鮮やかだ。あちらでは、かくも楽しげに燕は飛び交う！　身内の人々の間でならば、どんな難儀だってもっと容易《たやす》く耐えられる。元旦に仲間の子供らと連れ立って年始参りに赴き、大人の人たちへ叩頭《こうとう》して挨拶するときなど、みすぼらしい村は、彼にも微笑を恵んでくれることがあった。大人たちに献上したのは栗だったり、林檎だったり。「あなた様の歳月が山のように高いことを。あなた様の幸せは海のように深いことを……」という彼らの祝辞を聞いて、大人たちは喜んだ。

スコップがガチッと、トロッコの金属側壁に激しく当たる。全員が飛び上がった。彼方の闇に二個のランプが、一対の目のように光っていた。ランプはいずれも強力であるが、鮮紅色の光束の数に違いがあった。左のランプが一本、右は三本だ。つまり、坑区長殿が職長《マスチェル》とともに、お出ましになられたわけだ。すべすべに磨きのかかった二本のレールが、ランプの光に反射して鮮血色に輝く。朝鮮人はそれぞれに胸を締め付けられる。慌ててスコップを揮う動きを速める坑夫たちの姿が、ちらちらと映し出される。

坑区長は立ち止まって、暫く観察を続ける。職長はその前に、直立不動の姿勢で立っている。職長は朝鮮人だ。そのような高い地位にまで彼を押し上げたのは、日本人の軍隊への総動員、あれやこれやのコネ、そして度外れた勤勉であった。けれども、「犬の」職務に偶々抜擢された朝鮮人は、格別意地悪に職務を執行するきらいがある。

坑区長は手をいきなり振り上げて、職長の顔に二発のビンタを張った。叱責を有難く拝受した職長は、顔を拭うこともせず頭を下げるや、直ちに初老の労働者に歩み寄り、彼の頤に一発ぶちかまして石炭の山へ突き飛ばし、さらに数回の足蹴までも加える。ヂュ・サンヨンはお鉢が自分に回ってくるものと身構えたが、犠牲者となったのは、最近作業班に加わったばかりの極めて若い坑内夫である。坑内夫の目からは涙、そして破れた唇からは血が滴る。彼らはその後、休憩も取らずに長いこと作業を続ける。ただし、時折は水を飲みに、九リットル薬缶まで代わる代わる足を運んではいた。ヂュ・サンヨンは流し目を送って、若者が傷ついた顔を漱《すす》ぐ様子を観察する。

坑内夫らにとって、今日はいつもよりも長くてきつい作業と思われた労働日が、やっと終わった。路上は既に暗く、鉱夫らは不愛想な影として坑道をあとにし、食堂では相変わらずの米飯一膳と素《す》のスープを食べる。彼らを待つのは、いつものバラック。ヂュ・サンヨンは鋳鉄製ストーブを焚きつけ、短く切った丸太片が燃え盛るや、洗滌炭を幾つか火中へ投げ込む。ストーブはみるみる灼熱されて、待望の暖かな空気が部屋を満たす。壁に糊付けされた紙がパチパチと弾け始める。汚れて湿っぽい衣服があちこちに紐で吊るされているせいで、住宅には重苦しい蒸気が充満する。ヂュ・サンヨンを訪ねて、泥濘の日に巣から落ちた雛鳥のようにもじもじするのは、件の坑内夫の「若いの」である。寒気がさし、時には悪寒で震えるせいだろうか、それとも、恐怖がまだ去らぬからだろうか。ヂュ・サンヨンはジャンパーと、糸を通した針を持って、「若いの」と並んで座り、今日の仕事に熱中するあまり破れてしまった、粗製布地の切れ口を縫い合わせる。

彼らの会話は小声で進められた。ヂュ・サンヨンは同病相哀れむ仲の同志に、衣服代は給与から差っ引かれることを説明する。食費も、蒲団代も、その上で就寝する莫蓙の代金も、壊れた工具の修理費までも支弁させられるのだ。労働者には月に一度、管理人が日本円の入った封筒を持ってくる。封筒は必ずや頭を下げて受け取らねばならず、また今月の給料が、たとえ先月より少ない場合ですら、決して質問してはならぬ。受領したもので我慢することだ。ヂュ・サンヨンは慎重に言葉を選んで、我慢して働き、働いては我慢する秘訣を、若者に手ほどきする。朝鮮人労働者の生活は、ほれこの兵舎同様の、堅い枠の中に押し込められているのだ。雇用契約の期限が満了した時でさえ、何かが変わるかどうか、何とも言い難い。そのときはどこへ行けばよいのか。自分の住居もないから、犬のように放浪するか、仕事もないので餓死するか……。青年は暑さに辟易し、頭が傾いてゆく。ヂュ・サンヨンは彼を揺さぶり、寝ろと言って送り出す。自分はストーブの中を、火掻き棒で掻き回して幾片かの石炭を投げ込み、灰受けに落ちてゆく蒼白い熾《おき》を見つめる。熾は火が消えて、灰に変じてゆく。石炭片は思い思いに落下して、消えてゆくのだ。異郷にあるヂュ・サンヨンの日々も、同様に落下して消えてゆく。幾許の日々が、こうして消えていったろうか。彼を待ち受けるのは、果たして何だろうか。日本で働いた朝鮮人たちがここへ持ち込んだ歌の歌詞数行が、針のように彼の心を疼かせる。「すべての炭鉱夫の運命はひとつ、われらを待ち受けるのは、危険と災難……」。彼は、部屋の片隅の自前の寝所へ赴くと、粗末な蒲団をかぶって横になり、稲の籾殻を詰めた四角い枕の上で、より快適な姿勢を追求する。まだ二時間ほどは室内も暖かろうが、やがて炭火が消えて、薄壁のバラックのありとあらゆる隙間から侵入する寒気が、サッと広まるだろう。すると、疲れ切った炭鉱夫の体に向けて、無数の昆虫が情け容赦なく襲いかかる……。

同じ頃、内淵《ナイブチ》（現ブィコフ）村の地下世界ではチェ・ハクヨンが働いていた。彼は動員された組である。それは、集合地点への出頭を回避する企て、あるいは逃亡の廉《かど》で、彼が職務放棄者《デゼルチール》と宣告されたことを意味した。蒸気船上に集められた者全員に、当初は、就労のため日本に連れていくと告げられた。しかし彼らは、大阪港で二昼夜、上陸は一切認められぬまま待機し、出港直前になって、新しい目的地としてカラフトの大泊《オトマリ》港の名が通達された。同港でも、荷揚げが十二時間も遅れたから、警備兵の付き添う格子付き貨車に収容されたときは、既に真夜中だった。長旅で疲労困憊の彼らは、身を屈めたまま極薄の敷物の上でも、内淵到着まで暫しまどろんだ。朝を迎えると、荷降ろしの前に彼らを出迎えたのは、特務機関の代表者数名——階級差を示す標識を一切欠いたカーキ色の制服を着用する、厳しいながらも口数の少ない日本人たち——である。

到着した労働者らは、まず、身体検査に駆り立てられる。全くの形式ながら、義務的に遂行された。そのあとで、制服——ごわごわした防水布製の作業衣と、下駄《ケダ》の一種の軽量履物（地下足袋《ジナタビ》）——が支給される。彼らは、兵舎の二階に収容される。中央に設置された広い通路は隊列編成用空間。天井を支えるわずかな数の柱の背後に、就寝用スペースがある。チェ・ハクヨンは——勤務の全期間を通じて一度だけの支給だ、と警告されて——枕と一枚の蒲団を受領したが、蒲団とは莫蓙——稲藁製の薄い敷物——のことであった。彼は辺りをぐるり見渡して、ここには同様な兵舎三棟があって、半円状に配置されており、その中央には食堂と、明らかに日本人用のあまり大きくない建物が数棟建っていることに注意を向ける。労働者は、この集落の外に出てはならず、また同様に、兵営の規律が要求する厳しい戒律も破ることはできないのだ。

——オキレ！　起きろ《フスタヴァイ》！——と、四時半には、死人以外の何人をも叩き起こさずには措《お》かぬ号令が轟いた。朝食の前に整列が命じられる。数秒後、労働者はそれぞれが所定の場所に立ち、「気をつけ」の姿勢を取る。監視人は一人ずつ数えながら、食堂に入室させる。食堂の出口でも、そしてまた入坑する際も人数を数える。地上に出るときも、再び数える。就寝中にも、人数を数えて確かめた。

朝食では、定量一人分の粥が与えられる。その成分は三分の一が米で、三分の二は大豆［粕］である。ここではまた、各自が炭鉱夫の昼食——弁当《ベント》、つまり米飯と、その真ん中に丸切りの人参[29]が納まった小箱——も受け取る。監視人は、米飯が所定時刻以前に食べられぬよう目を光らせる。この決まりを破った者は、減給されることもあった。

午前七時、採掘現場で作業が開始される。それは、早番と遅番が交代する午後七時まで、何度かの小休止を挟んで続けられる。このような労働強化を伴う就労を指示したのは、戦時下の国会で制定された法律や政令である。本国自体では、軍需産業関連の工場が従業員に戦時態勢を導入して、一日の労働時間を十六時間にまで延長していった。地上への出口のすぐ脇で、坑内夫には水洗の便宜が供される。出坑班は、流水を湛えるあまり大きくない湯船へ飛び込んでいく。大半は石鹸抜きの入浴とはいえ、稀ながら石鹸の剝片を予め用意するような者もいる。湯船の底には次第に汚泥が溜まって、滑りやすくなる。各自は顔を漱ぐべく、先を争って温水の出水口に接近する機をうかがった。

労働日の締めくくりは貧しい夕食だったが、通例の員数確認ののち、作業班は莫蓙の上に倒れ込んで、昆虫の大群の餌食になるがままに任せた。

この厳しい日課は稼働停止も、休養日も、休祭日も有さず、雨や吹雪も影響を及ぼさなかった。祝祭日はただ暦に記載があるだけで、炭鉱夫の生活には存在しなかった。そればかりか、祭日は「愛国の日」と宣せられて、管理機関は普段以上の出来高を勝ち取っていた。さらに「国民精神動員」週間や、「戦線支援」週間とやらがあとに続いた。あるいはまた、「戦時経済強化」キャンペーンが、鳴り物入りで展開された。そして、それぞれの日には労働をさらに強化し、さらに多くの石炭を採掘せねばならなかった。使い古した技術装備下での増産は困難だったから、スローガン、脅迫、懲罰が大手を振って歩きだす。監督者らは、発破をかけながら、鎖に繋がれた犬どもよりもひどく荒れ狂った。

労働者は月に一度、五円が収められた封筒を受領する。掘削夫、採炭夫とその配下の者、大工、坑内夫、修理工、電気工にも、同額が支払われた。給与から食事・住居・被服の経費を差っ引いた残額は、炭鉱夫の

(29) 人参製の「沢庵《たくわん》」であろう。

親族に向けて送金されていた。しかし、実態は以下のようだったらしい。当初は、各自が直筆で家族の住所を記すか、せめて住所を口頭で告げるよう求められてさえいた。しかしながら誰も、給与のどの部分が差っ引かれ、またどの部分は――もし実際に送金されていたとして――送金に回されたのかを知らず、そして尋ねることもあえてしなかった。労働者は誰一人として、家族からの便りを受け取ってはいない。これらの人たちは完璧な隔離状態の下で暮らし、承知していたのはただ、日本が米国と交戦中という話だけである。戦線ではどんな事態が繰り広げられているのか、そもそも戦線はどこにあるのか、どこが味方で、敵はどこにいるのか――といったことについては、一言も告げられなかった。彼らに絶え間なく吹き込まれていたのはただ一つ、日本は誰に比しても最高かつ最強、日本兵は如何なる敵よりも卓越しているから、勝利するにはただ総力を合わせるだけでよい、ということだ。対戦相手や敵に関する限り、それはまさにここでも、炭鉱夫大衆の中にも見出される。些細な過失を犯した者は、すべからく敵と宣せられた。罹病した炭鉱夫は敵であり、帝国の利益を求めて働きたくない者、煙草を入手しそれを内密に吸った者も敵であり、十分な誠意を欠いて上司に頭を下げた者もやはり敵なのだ。永遠の飢えに苛《さいな》まれる朝鮮人は、たとえ何であれ、食べられるものを入手する機会を探し求めた。炭鉱夫自身は村落への訪問が許されなかったから、大変な危険を冒してのみ、何らかの仲介者を介して干し魚の切れ端とか乾燥鰊が辛うじて入手できた。あるとき、日本人監視人が一人の朝鮮人を現行犯で捕まえたが、彼は焼き魚のそぼろを喰ったというのだ。即刻、制裁が加えられる。その炭鉱夫は両手を後ろ手に縛られて、そぼろの残りをくるんだ包みを口に押し込まれ、他の者らへの見せしめとして食堂の戸口に立たされる。彼こそは、人よりもよいものを食べたいと望んだから、帝国の敵にほかならぬ！　というのだ。彼の脇を通過した者は今もなお、この哀れな男の膨れ上がった両の眼や、そぼろ包みの脇から落下する一筋の細い涎《よだれ》を忘れることができない。彼の立つ時間が長引けばそれだけ、涎もますます紅《くれない》に染まっていった。

このような虐《いじ》めの光景は、内淵にあった、かの監獄に対する恐怖の影を、いささかでも薄めるものではなかった。監獄では警察官が君臨している。したがって、兵舎に一人の警察官が現れたときは、一人残らず茫然自失となる。理由を全く説明することなく誰でも検束できたからだ。炭鉱夫らを数列の横隊に整列させると、件の警察官は特務機関の男一人と、行政機関の代表者数人を従えて、隊列に沿ってゆっくり進んだ。その数分間は、人々の息遣いすら全く聞こえなかった。聞こえるのはただ、ザック、ザックという足音ばかり。だがここで靴音がしなくなり――犠牲者が特定される。

――こいつだ！――と、一人の炭鉱夫を警察官は指で差し示すや、回れ右して、すたすたと立ち去った。

彼は、運命に見放されたこの男へ一瞥をくれてやることも、あるいは振り返ることさえ不要と見做したのだ。その男が生き続けようと、また恐怖のあまり、その場で死のうとも……。その後に何が起きたか、誰も知らなかった。あとになってようやく、受難者らが二人一組で鎖に繋がれて、このつらい縦列状態《タンデム》のまま、極めて危険な重労働を遂行せねばならなかったことが、目撃された。彼らはたとえ殺されても、その死に対して誰も責任を取らないであろう。このような奈落の底へ人々は消えてゆくが、そこから誰かが戻って来たような事例は、誰の記憶にもなかった……。


われわれの語り手らはひょっとして、事柄をややどぎつく描き過ぎるきらいがあるのではないか、という思いを禁じえぬ読者がおられるかも知れない。しからば、日本人採炭夫の歴史から一頁を、ここに引用することができる。中里《ニカザト》喜昭《キショ》の短編小説『のこりやま』[30]の主人公兵馬《ヘマ》が、さほど大きくない島で生活する炭鉱夫らの過去をめぐる、信頼に値する文献に目を通している箇所だ。

草刈島《クサキラ》は、当然の報いとして悪評を博している。これは監獄であり、全くの別世界であって、自前の権力、自前の法、自前の途轍もない暴力装置を具えている。採炭夫たちにとって最も重い懲罰は、近親者との交信の禁止と、外界からの完璧な隔絶である。罪人らは、バラックから外に出ることすら許されない。彼らはただ作業現場——炭鉱——に連行されるだけである(31)。

炭鉱夫の誰かが定められた規則を破るならば、それだけでも、監督者は即刻、手のつけられぬ悪党やならず者のうちから選抜された、特別な体罰執行係を呼び寄せるのに十分であって、罪人には鞭打ちの体罰が加えられた。もし被処罰者が抵抗を見せるならば、十倍の鞭打ちが宣告され、意識を失うまで鞭打たれた結果、全身は血まみれの肉塊と化した。とりわけて重大な過失の場合は、「見懲」と呼ばれる懲罰が適用された。体罰対象者は縛り上げられ、逆吊りにされて、棍棒で殴打された。残余の炭鉱夫らは、体罰の執行現場に臨席せねばならなかった。このような折檻が致死的な結末をもたらすことも、珍しくなかった(32)。

カラフトへ連行された朝鮮人のすべてが、必ずしも、このように厳しい運命に遭遇したわけでないことは、われわれも完全に認めるところである。私は戦後世代の人たちから、家族持ちの朝鮮人たちは日本人の下で悪くない生活を送っており、主人の給料は家族を養うのに十分足りていた、と聞かされることも少なくなかった。朝鮮人の女たちが、野菜作りや商売、裁縫に従事することを余儀なくされたのは、既にソヴィエト政権になってからのことである。

サハリンの朝鮮人らの歴史では、深度のある学術研究が待たれるし、偏《ひとえ》にそのような著作こそが、十分な深度をもって真相を究明するであろう。われわれがここで語るのは、「良い暮らしをしていた」人たちですら反駁しない、単なる一般的見解に過ぎない。つまり、朝鮮人のカラフトへの、安価な労働力としての強制連行は、生家から永久に切り離された数万の人たちの悲劇であった、ということに尽きる。彼らにとっては、カラフトが懲役監獄、涙・屈辱の場所となり、はたまた死に場所とさえなることも稀ではなかった。連行された人々の数が如何ほどであったのか、また死亡者や非業の死を遂げた人たちの眠る無名墓がどこに所在するかは、当面、詳らかでない。百万人規模の犠牲者情報に通暁する現代の読者にとっては、どんな数字を突き付けられてもピンとは来ないであろう。ドラマの核心は、具体的な人の伝記を通じて把握する方が容易である。さらに百人の人々に尋ねてみるならば、寸分違わず同じことが語られるだろう。行動の場所や情況の細部はさまざまに異なれども、塔路《トロ》や内淵で働いていた朝鮮人の生活は、本質において異なるところはない。

---

(30) 日本人作家・中里喜昭《なかざときしょう》の短編小説『のこりやま』（新日本出版社、一九六七）の、ロシア語版『海底炭鉱』では著者名が「K・ナカザト」と表記されている（K. Накадзато, *Шахта в море*. Перевод О. Морошкиной, Москва : Прогресс. 1975）から、ガポネンコ氏の記載する「ニカザト」は転記ミスと判断される。

(31) 原典では「……近年草刈炭鉱の坑夫募集ときけば如何な窮民と雖《いえど》も之に応ずる者あらざる也。……。嗚呼草刈は地獄なり別世界なり炭鉱舎なるもの一種特殊なる政府を組織し法令を造出し圧制苛虐を恣《ほしいまま》にし、最も圧制なるは坑夫が其郷里へ郵便書翰を出すを許さざると坑内に下るの外、他行を禁ずることなり……」（中里喜昭『のこりやま』一九五頁）と記載されている。小説は、長崎県野母半島に隣接する小島「草刈島」が舞台で、ガリバ・後藤象二郎・岩崎弥太郎が開発に係った「草刈炭鉱」（「三菱草刈鉱業所」）を背景に展開するから、幕末にトーマス・グラバーと佐賀藩が共同で採掘を開始した高島炭鉱がモデルであったと忖度される。小説の主人公斎藤兵馬《ひょうま》は、一九五〇年代末の「草刈炭鉱」に勤務する炭鉱夫であるが、引用文は、「草刈の古い歴史」に関する書籍からの抜粋という体裁をとっている。

(32) 原典では「規則ヲ犯ス者アレバ納屋頭ノ下ニ人扱ト称スル一種ノ悪漢アリ忽チ是ヲ惹キ出シ鞭撻笞杖至ラザル所ナク之ニ抵抗スレバ責ムルコト以前ニ十倍シ鮮血混々トシテ膚肉糜乱スルニ至ル。甚シキハ之ヲ見懲ト称シ縛リテ逆サマニ懲戒台ニ釣リ下ゲ足ト地ト咫尺スルニ於テ笞杖シ他ノ衆坑夫ヲシテ之ヲ観視セシムコトアリ。往々之ガ為メ落命スル者アリ……」と記述されている（前掲書一九九頁）。

彼らはいずれも大海の中の砂粒に過ぎなかったから、如何ようにでも転がっていく。本書の叙述でも、いつの間にか前面に押し出されたのがヂュ・サンヨンでも、またチェ・ハンヨンでもなくて、炭鉱で確立された諸規律だったのは偶然ではない。これらの規律は完璧に人間を支配していたからである。

……われわれが冒頭で触れた、二人の若き朝鮮人の伝記は、彼らが日本人佐藤の女婿となって以降、初めて生彩に富む内容を獲得する。しかしながら、その存続期間は、軍刀によって短縮されてしまった。

第8章 襲　撃

霧の朝まだき
遠くに響く
杭打ちの音

（與謝）蕪村

夕刻、栗山吉左衛門宅では、昼間に実行された朝鮮人制裁の参加者たちに、高橋ヨリミツの用意した夕食が振舞われた。高橋は米飯を茶碗によそりながら、かなり上手に杓文字《サモヂ》――木製の小篦《こべら》――を操っていた。主《あるじ》自身は水で割ったアルコールと、一緒に飲むための湧き水を配った。

酒の肴は戦争や過去の話題だった。今なお、すべてが失われたわけではないと考えていた。歴史が想起されて、引き合いに出されたのは、日本人が奇蹟に救われたときの事例である。小学生なら誰でも、中国のモンゴル人統治者フビライの遠征が失敗に終わったことを知っている。フビライは、朝鮮海峡を跨いで横並びに連ねた数万隻の船の上に仮設される板床によって、自分の軍勢を日本へ渡らせることに思い至る。だが、神の風――神風《カミカヅエ》――が吹き、さしもの大艦隊も、ほとんどは海底に沈んでしまった。昨今の日本にも数万人の神風――敵軍を粉砕する用意のある決死の戦士［特攻隊員］たち――がいる。これら決死の戦士のように死を厭《いと》わぬ覚悟さえあれば、異国の征服者もその足を神国日本へ向けるような真似は決してせぬであろう。

彼らは、飲んだアルコールというよりも、かつての兵士らを賛美する発言の方に、むしろ酔ったのである。軍事史の中で日本の戦士が常に勝者となるような、さまざまなエピソードが次々に披露された。彼は隠忍自重、堅忍不抜、勇猛果敢、敏捷機敏であり、どんな相手とであれ、一騎打ちでは勝利を収める。しかも彼は、無慈悲、残酷で、憐憫の情とは無縁なこともあるが、帝国が常に強国でありえたのは、自らの敵を無慈悲に懲《こ》らしめてきたからである。したがって、こちらの裏切り者らが懲罰を受けたのも至当である、と。

森下が唐突に立ち上がって、歌いだした。

——敵を撃破せんとする覚悟をもって降りてくる、戦士の面構え毅然たり……。

若干名が声を上げて伴唱しだした。情熱的に歌われるメロディーの中に、日章旗が打ち震え、狡猾な敵に対する勝利への信念が鳴り響く。若者らの胸中では、武勲に対する渇望が燃え盛った。

最後に、森下と細川が立ち上がる。彼らにはまだ、やるべき仕事が少なからず控えていた。他の者たちには、早朝の起床が予想されるから、ここに泊まるよう命ぜられる。払暁には八号線《ハチゴセン》の朝鮮人らを殺害せねばならぬ……。

その前日、細川は、自分の父親宅とその周辺に身を寄せていた避難民の宿営地をそそくさと訪ねて、情況は現状維持、村へ赴くのは当分禁止、と説明する。余計な目撃者など、彼には不要であった。彼は村の中心に何度も姿を現した。そして、そこでは石田巡査と会った、と声を潜めて報告する。出来した一件をめぐっては、それとなく仄めかす形で会話が交わされた。石田は同件に対して、どうやらすこぶる明快な評価を下しているらしかった。

——おい、でかしたぞ。

彼は、当然ながら、それ以上の指示や助言は一切与えなかった。情況それ自体が、何をなすべきかを命じていた。

細川が三度目に村の中心部を訪れたとき、村の北端部を代表する栗栖昇《クリスナボル》と三輪光正《ミヴァマツマサ》が、彼の許へやって来た。

三輪光正は、二股から避難してきたはずの兄弟に会えることを期待して、出掛けて来たのだった。このような非常時だから、彼の隣人も一人で家にじっとしてはいられなかった。八号線から来た二人の友人と細川は、どうやら互いに探し合っていたようだった。

栗栖昇が訊ねる。

――あんた方の浦島では、朝鮮人が全員殺されたっていうが、本当かね。

細川は意味ありげに沈黙したが、優越感の微笑みが、彼の分厚い唇全体に走る。

――随分お耳が早いですね。じゃあ、あなた方はチョンガたちを、どうなさるおつもりかな。

チョンガとは独身者のことである。一定の年齢までに家族を持つ能力のない朝鮮人は、軽蔑を込めてそのように呼ばれていた。彼らが家族を作れなかったわけは、土地も住まいも、必須とされる資金もなかったからだ。だがまさにその故にこそ、軽蔑もされたわけだ。

朝鮮人らをどうすべきか、三人とも承知していた。栗栖はただ自分の懸念だけを述べる。

――わしらのところでは、人手がやや足りんが。

――私らが手伝いますよ――と、細川は嬉しそうに答える――ちょっと仲間のところへ行って相談しますので、返事はあとで差し上げます。

そして、たった今、彼はその約束を果たすところである。彼が栗栖昇宅に着いたとき、既に夜の帳が降りはじめていたが、馬からは降りないで彼を路上に呼び出し、軍隊式の報告を行った。

――加勢はありだ。全員、早朝四時、長屋《ナガヤ》昭雄宅に集合。そちらの皆さんにも周知されたい。

栗栖昇宅には三輪光正もいた。彼らは二人して直ちに柏原《カシヴァバラ》壬子《ジュンシ》宅へ向かう。そこには途中《ミチナカ》忠雄もいた。今は孤独が人々を他人の竈へ追い出すから、がらんとなった家でじっとしているときではなかった。

四人は全員が、差し迫る事業への参加には完璧なる同意を表明した。彼らは直ちに、誰の家にどんな武器があるか、人数を増やすべく誰にまず声をかけるべきか、見当を付けだす。手短に打ち合わせると、日がとっぷり暮れる前に隣人たちをオルグすべく、彼らは大急ぎで散会した。

鈴木秀雄宅へ赴いたのは三輪光正である。朝鮮人は、無論、殺さねばならぬと断言して、鈴木秀雄は起案された制裁に賛意を表するも、自分は健康が勝れぬから、実践行動ではとても役に立てそうにない、と述べる。

――立哨して待ち伏せてくれ――と三輪は鈴木の任務を軽減して――日本人は皆、今部《コンベ》の納屋を目標にしている――と重々しく付け加えた。

鈴木は一人になると、長いこと悩み続けた。どうすべきだったのか。新月が既に天に懸った頃、彼は思い切って助言を求めるべく、隣家のノオザワの戸口を叩いた。ノオザワは物知りで思慮深い人物と見做され、その知性ゆえに村中でも尊敬されており、如何に行動すべきかをめぐっても、適切な助言を与えることができた。しかし隣家は留守だったから、鈴木は自分で決断を下さねばならなかった。あれこれためらった挙句、彼はやはり古い日本刀を取り出したのだ。

栗栖昇は橋本澄吉に追いついた。橋本は両親の疎開先である浦島へ自分の牝牛を連れていく途中だった。その牝牛を搾乳せねばならない。夕闇は迫るのに道いまだ遠し、だったから、彼は先を急いでいた。栗栖は大声で彼を呼びとめる。

――明朝、われらに同行すべし。
――どこへ行くんだね。
――まさかお前は聞いていないのか。朝鮮人が日本人に対し、どんな蛮行を働いているかを。お前は日本人避難民らと会わなかったかい。われらは、わが村で暮らす朝鮮人を皆殺しにすることを決めたぞ。恵須取《エストル》や真岡で起きていることが、わが村では繰り返されぬためだ。

橋本澄吉には、さしあたり牝牛を牽いている間、熟考する時間がたっぷりあったのに、彼はそれをしなかった。彼が想像できたのはただ、既に一年間そこに所属する若者組織のリーダーたちが、またこの村でともに育ち、ともに学んだ同輩らは、もし彼が参加しないと決めたら何と言うだろうか、だけである。村で尊敬措くあたわざる人たちは、彼のことをどう思うだろうか。彼の父親は、そのような人物の一人でもあった。彼は一五ヘクタールの土地を所有し、夏場には二人の労働者も雇用していた。澄吉の家は、村内でも有数の篤農家の一つに挙げられていた。この若者は家族に入れあげ、また自らの青年組織にもすっかり傾倒していた。彼は、挿弾子の中の薬莢のように、村内の道徳的服従体系に嵌め込まれていたから、撃鉄が下されると発射されざるをえなかった。

橋本澄吉は帰宅後、朝に向けて短剣を用意した。

長屋昭雄は、森下が早朝の集合地に指定した家の主であるが、差し迫る襲撃に対して若干の戦慄を覚えつつも支度を整えた。彼には武器がなかった。鉞《まさかり》ならば見つけられぬこともないが、そうすると、相手に接近し、直に顔を合わせつつ殺して、血を見ねばならぬだろう。まさにこのことに彼は恐怖を覚えたが、それにも増して恐れたのは、自分の臆病を自らが認めること、またこの臆病さが他人にも知られることであった。

そこで長屋昭雄は、かつて手持ちの銃を売却したときの相手である、キチヤマ・キタロに泣きついた。キチヤマは、何も訊ねずに貸してくれた……。

森下が栗山吉左衛門宅に到着したのは、八月二十二日午前三時を回ったばかりの頃である。引き続いて細川博、栗栖、三船悦郎《ムフィネエツロ》も到来した。就寝中の者たちを起こすや、高橋ヨリミツが朝食を出した。さっと食べ終わると、三々五々表へ出ていった。森下は微かな厳しさを込めて、悠然と構え過ぎるように見えた栗山に訊ねる。

——どうした、一緒に行かんのか。

——わしは若くないし、持病もある——と、御託を並べる。

このような重大時に、彼が抜けたがっているのは明らかだったが、問い質す余裕がなくて、森下はただ言い放つ。

——あんた抜きでも構わんぞ。

四時台になると、長屋昭雄宅には続々と人が集まりだした。家内では、びっしりと幕が降ろされた窓々の奥に、煤けたガラス張りのランプが薄暗く灯っていたが、到来者の大半は中へ入らずに、中庭で足踏みしていた。囁き声があちこちに飛び交っていた。森下はそそくさと自隊の点検を実施して、丸腰の者らには、短い軍刀やら、猟銃やら、小型の鉞——常時研ぎ上げられていて、やや湾曲する「鉈《ナタ》」——などを支給した。鉈は各家に常備され、極小の薪材を削ったり割ったりするのに使用されていた。

森下が数えたところ員数は十分で、およそ二十人ほどだった。空が白みだす頃、彼は命令を発した。

——行進、始め。

話し声が止み、最初の分隊が動き出した。各分隊は足音も立てずに相次いで出発し、つい先立って草刈りに出かけたときのような、軽快な足取りで行進していった。静まり返った村の中心部を通り抜けると、ダイク川がやさしいせせらぎを奏でる渓谷へ向けて、曲がった。

目的地までおよそ一五〇メートルとなった、ヤスゴ・スジュロ宅付近で、森下は合図を出した。全員が停止する。夜はほとんど明けて、灰色の霧の中に板張りのバラックがくっきりと姿を現した。

かつて、今部《コンベ》という日本人が自分の家政上の必要から納屋を建てたが、ちっとも使用しなかったところ、請負師の山本が耳寄りな提案を携えてやって来た。早くも昨年の夏に、今部は嬉々として納屋を彼へ賃貸に出した。山本は、納屋の道路に面した壁に四個の窓を開けてガラス張りの枠を嵌め、右の半分には床を張り、左隅を仕切って小部屋を造成した。小部屋には彼自身の家族――細君と五人の子供たち――が住んだ。右側では、賄い婦、賄い婦と請負師の細君のいずれをも補佐する一人の老人、それに九人の使用人が暮らしていた。

昨夏には道路補修に従事していた山本が、今は村落協同組合から排水溝の掘削という実入りの良い仕事を請け負っている。自前の規律を命じる季節労働は、毎日がすこぶる貴重であって、休めるのはただ悪天候の日だけである。朝鮮人の土方らは、寒気と降雨をもたらす秋の到来までは、諸契約案件の履行に邁進しつつ朝から晩まで懸命に働いた。瑞穂村の住民は、彼らの背中だけなら偶《たま》に見かけるも、顔見知りであるのはただ山本本人だけ、それも村民の全員がそうだったわけではない。請負師の細君は子供の世話もさることながら、裁縫や洗濯に従事し、また夫の面倒までも見ていた。ただ老婆と老人だけが掛値なしの必需品を求めて、村の小商店に赴くことができた。

バラックでは起床が早く、朝鮮人の誰か彼かが既に表を歩いているので、森下は大急ぎで役割分担を決めた。窓の向かいの北側には、永井幸太郎・三船・鈴木秀雄・栗山守に加えてさらに数名を配した。清輔大助と角田をチーフとする第二集団には、茂みの側から前進する任務が割り振られた。最も重要な任務――襲撃

——は、森下と細川の両名が引き受けた。指示は厳しさを極めた。

森下は以下のように厳命する。

——一人の朝鮮人も逃がしてはならぬ。さもないと、わが村の日本人全員にとってすこぶるまずい事態となろう。

細川は、銃を所持する者に対して付け加えた。

——射撃では、ほれ、このように、味方に当たらぬようよく注意して、朝鮮人を狙って撃つこと。

清輔大助が不意に提案した。

——俺がまず偵察に出て、すべてを見届けた上で、合図を送ろう。

——何も行くことはない、奴らはもはや逃げも隠れもできんのだから——と、森下は反駁したものの、清輔は既に忍び足で出立していた。

一人の人間の規律違反が、その後の任務総体の遂行を困難にすることもある。四散を回避すべく、追い払ったり、急襲したりせぬことが肝心だった。彼らがスコップで武装して抵抗する可能性に関する限り、森下には、そのような考えすら念頭になかった。下士官殿は毅然として命令を下す。

——ススメ！　進め《フペリョート》！

敏捷で、よく訓練された下士官殿は、自分とバラックを隔てる距離を、みるみる間に音もなく縮めて、扉を蹴破り、猛獣のように中へ飛び込んだ。そこからは、まるで小鳥の群れを嚇したかのような、多声の悲鳴が噴出した。細川は追走する。戸口では、バラックから飛び出そうとした一人の朝鮮人と鉢合わせる。細川は軍刀で、彼の腹を突き刺した。負傷者は驚きと痛みのあまり叫びだして、両手で軍刀を鷲掴む。細川が力をこめて刃を手前に引き抜くや、両手とも血塗れで、シャツを褐色の斑点で染めた朝鮮人は崩れ落ちた。再び扉が音を立てて開くと、樅の木の細い杭を手にした一人の若い朝鮮人が、やけ気味で細川に飛びかかった。細川が軍刀で防いで機敏に飛びのくと、朝鮮人は躓いて倒れる——そこをすかさず予備役兵長の正確な一撃が襲った。ガラスの割れる音が響き渡り、屋内でも屋外でも大声が飛び交う。

——逃げた！　逃げたぞ！　奴を追え！

柏原壬子が自分の銃で一発ぶちかました。鈍い木霊が渓谷を走り抜ける。既にシャツを血に染めた一人の朝鮮人が、倒れる。そこへ、永井幸太郎と栗山守が突進する。負傷者は何度も大声で叫んだ。

——ああ！　ああ！　ああ！

永井の一撃後、彼は静かになり、その後に続いた数撃が彼の命を奪った。

バラックの中では蛮行が荒れ狂い、朝鮮人らが見出した唯一の退路は、窓からの脱出だった。千葉正志の発砲が次なる犠牲者を襲う。それは一人の朝鮮人に命中した。そのことは、血塗れの顔と傷ついた胸から明らかだったが、にも拘らず、この不幸せな男は命を全うすべく、絶望的な努力を止めなかった。栗栖昇は「奴をやれ！　やってしまうんだ！」と叫んで自らを励ましながら、この男に追いすがった。

何度かの跳躍ののち、栗栖は朝鮮人に追いついた。後者は自衛の術がなく、諸手を突き出して遮ろうとする。彼は荒い呼吸を繰り返し、切り裂かれたシャツの下に覗く彼の胸と腹は、あたかも強力な鞴《ふいご》が内部から吹きつけるがごとく激しく波打つ。栗栖はまず、彼の両手に一撃を加え、次いでは頭部や両肩を殴打しだした。

今一人がここで、逃亡を企てた。鈴木秀雄と長屋昭雄が、そのあとを狩猟さながらに追尾する。長屋は手に銃を携えていたものの、取り乱して発射できなかった。が、そのことを他の人に悟られぬように、ひたすら叫ぶばかり。

——朝鮮人逃亡中！　朝鮮人が逃げるぞ！

逃亡者はどうやら傷を負っていなかったらしく、恐怖が彼を全力疾走に駆り立てたから、ひょっとすると身を隠しおおせたかも知れなかったが、彼はそこに、武装した栗栖昇の姿を認めるや、我を忘れて飛びかかった。栗栖は、納屋から四〇メートルほどの所で、彼の背中に軍刀を立てることができた。

三船悦郎を急襲したのは、顔全体に、明らかに軍刀の一撃による重傷を負った朝鮮人である。三船は発砲し、命中して、逃亡者は横倒しとなる。しかし、永井幸太郎が駆けつけるや、彼はすっくと立ち上がって、永井に向かって突進する。血は彼の顔を覆い尽くし、恐怖と激痛で逆上して、彼は面前のものを既に何も見ていなかった。永井は彼を軍刀の一撃で迎えた……。

——逃がすな、逃がすんじゃないぞ——と、窓辺に立つ細川は、上着を着て裸足で逃げる人物を目で追いながら叫んだ。

途中忠雄は狙いを定めて発砲するも、どうやら外れたらしく、逃亡者はますます茂みに接近してゆく。それに向かって数人の男が一直線に突進するが、細川の動きが最も敏捷だった。彼は小軍刀を握りしめて、窓敷居をひらりと跳び越すや、一番乗りで逃亡者に一撃を加える。他の者らは既に止めを刺す役に回った。

納屋から山本が引きずり出された。軍刀の一撃による傷跡は背中全体にわたり、頬からは出血が続き、左腕は、負傷したことの明らかな右腕を支えている。そこへ、清輔大助が駆け寄って言った。

——どうだ、痛いか！　それとも痛くはないか！

清輔大助は肥満にも拘らず、傷ついた山本の周りを飛び跳ねる。もし請負師の血塗れの姿がそこになかったとすれば、彼は、路上の喧嘩で自分の相手を悔しがらせずには措かぬような少年を髣髴とさせ、その過剰な空騒ぎや騒々しさも、今一度、単に滑稽であるに過ぎなかったろう。

――わしには、どうってことないさ――と、山本は無我夢中で答えた。

――てめぇ、痛くないってか！――と、清輔は猛り狂って、朝鮮人の脇腹に短剣を突き刺した。

――てめぇには、どうってことないんだよな！

山本は依然として立ち尽くしている。

――奴は痛くないぞ、奴にはどうってことないぞ！――と、清輔は金切声を上げる。

――奴をやっちまえ！

清輔は止めを刺すべく襲いかかる。山本が崩れ落ち、生命の兆候を示さなくなったときですら、刺すことは止まなかった。

バラック内には、もう一人の生きた朝鮮人が残されていた。

――出てこい！――と、森下が彼に命じた――命は助けてやろう。

朝鮮人は命令に従う。胸に両手を押し当てて赦しを乞いだした。彼は追いつめられた獲物のように辺りを見回しつつ、奇跡に一縷《いちる》の望みをかけて、そろそろと歩いた。彼は死の恐怖に打ちひしがれて、うわ言のように呟いた。

――わしに咎《とが》はない、何の悪いこともしてはおらぬ……。

彼が橋本澄吉と肩を並べたとき、誰かが叫んだ。

――奴を殺せ！

橋本はうろたえた。そこで細川は軍刀を振り回し、荒々しく悪態を吐いた。橋本には、冷徹な教師の細川先生《センセイ》が、まさに自分に向けて軍刀を振り上げたように思われたので、彼は、慈悲を祈り求める朝鮮人を短剣で突き刺すのだった。

橋本は、自分の従順な犠牲者に対する、根拠のはっきりしない悪意を感じた。逃げておればよかった、そうすれば彼の代わりに、自分よりもっとはしこい誰か他の者が追跡し、殺してくれただろうから……。橋本は嫌悪感を押し殺しつつ、短剣で二度、三度と刺した。彼は、朝鮮人の体がかくも急激に生気を失っていくことに驚愕を覚えた。大きく開いた口は決して閉じられず、咽頭の奥からは血に染まった舌が不格好に突き出している。胸を刺したのに、舌が血に塗れるとは……。

最後にバラックから連れ出されたのは、一人の女だった。彼女は青い絹のチョゴリ――朝鮮の民族衣装――、やや濃いだけの同系色モンペ――乗馬ズボン《シャロヴァルィ》――を纏い、彼女の背中と帯《オビ》――暗赤色の綱――の中からは、小さな赤ん坊が頭を覗かせている。赤ん坊は、母親の衣服と同色の青い襁褓《むつき》で包まれていた。女の腕の中には、二歳ぐらいの幼女が抱かれている。幼女は明青色の絹シャツと焦茶色のモンペを着用している。彼女の細い手は母親の衣服を握りしめ、頭から上は隠れているから、両眼だけがギラギラ輝いている。女はまた、五歳ほどの少年の手を引いている。涙に塗れた顔、前面がたった今汚れたばかりの白シャツ、そして暗色の半ズボンは、暖かい巣から風で吹き飛ばされた、羽根の生え揃わぬ雛鳥を彷彿させる。母親のチョゴリには、さらに二人の少女がしがみつき、年上の少女は九歳ぐらいだった。少女たちは、ブラウスの色――ピンクと白――だけが異なり、モンペの色は母親同様の青だった。子供たちはヨチヨチと小刻みに歩み、目という目は恐怖に満ち溢れ、胸中での号泣は彼らを震わせ続ける。

この女の名はヨシノ、たった今殺されたばかりの山本の細君で、同伴するのは彼らの子供たちである。死んだ父親の脇を、彼女らはそれと気づかずに二十歩ばかり通り過ぎる。

彼女らがどのようにして、この流血騒動の只中で着替えを済ませ、小さな心を守り通し、細い脚を萎《な》えさせずに立ち尽くせたのかは、知る由もない。だが女も、また子供らも、あたかも極彩色の絵画から抜け出したかのように、鮮やかな衣服を身に纏って、出来したばかりの流血劇とは好対照な華やかさだったから、その場に居合わせた人たちは思わず狼狽する。誰一人として、カサと動く気配もなく、音を発する者もいなかった。

森下は、浦島の住民には帰宅するよう命じ、地元――八号線の――住民に対しては、死骸を埋めるように命令した。

――此奴らは――と、女と子供らを指さした――俺が引き受ける。

森下が女と小さな囚われ人たちを連れ去ったときは、全員が安堵の息を吐いたようである。

その後の指揮を執ったのは、栗栖昇と柏原壬子の両名である。バラックからは、毛布に包まれた四十歳ほどの女の死体が引っ張り出された。彼女は賄い婦のショスンダ・セイキチで、片方の脚に長めの裂傷が認められ、片方の脇腹も血塗れだった。引き続いて、男の死体も運び出された。彼は顔が潰され、鼠蹊部も破壊されており、血を吸ったズボンが膨んでいる。彼らは、バラックの無窓壁の裏手にある灌木の茂みまで搬出された。橋本澄吉の殺害した朝鮮人の片付けに着手したところで、突如として、谷間の上ではざわめきが高まり、やがて本格的烈風へと発達していった。

朝空の中で最初の陽光とじゃれ合うかのように、赤い星を付けた飛行機[33]が三機、谷間の上空に姿を現した。これら三機は、まさにバラックを、襲撃の参加者らを目標として飛来し、地上で実行されたことの一部始終をつぶさに観察するための飛行、のように見えた。日本人たちは灌木の茂みへ急行して、全身を強《こわ》ばらせた。烈風が収まったのちになってようやく、彼らは――今度ばかりは森下の命令に従わずに――まず、そそく

(33) ソ連軍の戦闘機である。

さと帰宅し、次いで、それぞれの家族の避難場所へ急行した。

＊　＊　＊

一九四六年八月二十二日の細川博被告に対する尋問調書から

問：発掘された朝鮮人らの死体に関する法医学鑑定データは、あなたのグループによって実行された殺害のすべてが、残虐行為の性格を帯びていることを立証する。あなたは、その事実を容認するか。

答：私は、死体の法医学鑑定記録に目を通したが、われらの実行した殺害が残虐行為の性格を帯びるとの記載に対しては、罪状を否認する。われらは、朝鮮人を殺害するにあたり、何らかの苦痛を与えることを目的には掲げなかった。殺害は基本的に軍刀によって実行されたが、一刀のもとに殺すのは至難であり、ましてや、抵抗や逃亡を企てる者については言わずもがなであることはご理解の通りである。したがって、一刀の代わりに多回にわたって、即ち、その者が死に至るまで……、攻撃が加えられた。われらは、これらの殺害が残虐行為の性格を帯びることを想定せず、われらには朝鮮人らを殺す必要があったから殺害したまで、如何に殺すべきかについては熟慮しなかった。すべての朝鮮人が殺害されること、これが重要であった。

法医学鑑定専門委員会記録から

五号孔。粘土質湿性土壌中の深さ五〇センチメートルの所に、暗青色の夏服を着用した遺体が見出される……。

検屍所見――年齢三十～四十歳の男性遺体、頭骨に鋭利な刃物で加えられた多数の傷跡あり。左側鼠蹊部には、骨盤諸骨の破壊を伴う大型損傷あり、また多数の胸部傷跡、左側肋骨のすべてに骨折箇所……も認められる。

六号孔。深さ二〇センチの箇所には、三十～三十五歳の男性遺体……が俯けに横たわる。頭骨では、二カ所に頭蓋腔に達する、刀剣で加えられた傷跡あり、右側眉弓の切断、左側鎖骨の骨折も認められる。

七号孔。白樺樹の杭が一本、穴の中央部に打ち込まれている……。深さ二〇センチの箇所に夏服、黒ズボン、上着を着用した遺体が見出される……。遺体は強度の腐敗段階にあり、頭骨に一カ所、頭蓋腔に達する、刀剣で加えられた傷跡あり。胸部諸骨にも骨折箇所があまた認められる。

第9章　永井幸太郎の賞牌

一九三七年十二月十三日、日本軍が（南京）市内に進駐するときまでに、すべての抵抗は止んでいた。日本人兵士らは、さまざまな残虐行動を繰り返しながら、市内を徘徊していた。兵士の多くは酩酊状態だった。彼らはさまざまな街路に出没して、広場、街路、路地が死体で満杯になるまで、中国人の男や女や子供を手当たり次第に殺し続けた。未成年の少女や老婆さえも凌辱した。多くの女性は強姦されたあと殺されて、死体は死後凌辱も蒙った。商店や倉庫を略奪したあとで、日本兵たちはしばしば、そこへ火を放った。

極東国際軍事法廷の判決（一九四八年）より

審理や法廷の資料中に見出される些細な一件ながら、初見の限り、さほど重要そうには見えぬからといって無視せずに、あえてその一件に注目してみよう。それは、中国での戦争における功労に対し、永井幸太郎に授与された賞牌《メダーリ》である。

彼の軍務地は満洲の斉々哈爾《ツィツィカル》（チチハル）市だった。審理の中では、何を褒章《ほうしょう》する賞牌《しょうはい》だったのか、自分でも承知していない、と彼は謙虚に述べている。手柄は一切立てていないし、中国で従軍した者には、このような賞牌が全員に授けられたとのこと。それに、授与された時機も、彼が退役したときではなくて、瑞穂村で暮らしだしてからのことだった。

それは、そうだったのかも知れない。しかし、永井幸太郎の謙虚さは、彼の受賞をめぐる真相の知れわたることが彼の利益に反する、といった格別な事情によって惹起されたことも、また十分に想定可能である。ともあれ、賞牌は、十四年にわたる日本の満洲支配や、中国が日本との戦争で蒙った二千万人の犠牲者に対する、彼の関与の証である。

三〇年代初頭における中国東北部の征服は、歴史の丸々一層を構成し、本章のようにわずかな紙面でそれを語り尽くすようなことは、到底できない相談である。われわれはそこから、村を舞台に展開されたドラマの真実に、たとえわずかであれ、より深く肉迫するのに有効な挿話や小話のみを抜粋するように努めよう。まず手初めに、エス・ベロウーソフが『極東の諸問題』誌の一九九一年六号で紹介する一事例を取り上げよう。

ある夏の宵、一人の日本人憲兵がハルビンの街頭で、相当にきこしめした一人のロシア人を呼び止めて、彼の身体検査に着手する。酔っ払いには怖いものなし、むさ苦しい憲兵など目ではない。ロシア人は日本人から回転式連発拳銃《レヴォリヴェール》を奪うや、こっぴどい叱声を浴びせて舗道に突き飛ばし、相手に頭部挫傷と片腕骨折を負わせる。狼藉者は身柄を拘束された。憲兵殴打事件については、警察のフョドロフ下級監査官が調書を取る。驚いたことに、フョドロフには逮捕者よりも重い処分が下される。日本の憲兵隊長は、最高の厳罰をちらつかせて彼を脅した。

——ロシアの酔っ払い何某が日本人憲兵を武装解除し、殴打することができたなどと、貴殿は、そんなことがよくも書けたものだ。貴殿は日本軍そのもの、ひいては神であられる天皇を侮辱したも同然であるぞ！

事態がすこぶる深刻な展開を見せたので、フョドロフの友人たちは救出に急行した。彼らは、警察に何が求められているのか、また憲兵隊将校の机には、［フョドロフが］新規に作成した以下のような調書が鎮座することも承知していた。

> 一九三三年六月五日午後十時、筧《カケヒ》シンタロ憲兵はアプチェカルスカヤ通りで、住民の静寂と安寧を妨害する、若い共産主義者二十名からなる一団と遭遇した。乱暴狼藉を止めて解散せよという筧の命令に対して、酩酊した共産主義者らは、勇敢なる法の代理人を攻撃し、彼を棍棒で殴打した。日本人憲兵は如何にもサムライらしく、並外れた勇気を発揮して身を守り、深刻な外傷を受けはしたものの、攻撃者らを遂には撃退し、彼らの首謀者を逮捕して本署まで連行した。その後に意識を失った。私は満洲国民警の下級監査官として、輝かしい日本軍のこの然るべき代表者にして、そのヒロイズムは驚嘆と称賛に値する、真のサムライである筧シンタロ憲兵の勇敢な行動に対し、日本官憲の注意を喚起することを、自らの義務と心得る。

三月《みつき》後、筧シンタロ憲兵は賞牌を受領した(34)。

ひょっとするとこれは戯言《ざれごと》であって、われわれには永井幸太郎が、同じようにして受賞を稼ぎ出したと疑い出す根拠は、ないのかも知れない。しかし、この戯言は十分に辻褄が合う。そこには、身勝手な主張《デマゴーギヤ》、虚言、高飛車な傲慢、冷酷、暴力といった、日本の軍人が備える欠陥がすべて反映されているからだ。

軍人が如何にして国民に最も敬われる社会層になったかを、凝視することが重要である。軍人を政治の主流に押し上げた諸底流を分析する中で、日本の著名な軍事史家・林三郎は次のように記している。

> 肥大化した軍の政治活動の主因は、日本における国内情況、あるいは当時、個別具体的に出来した村

落共同体の荒廃であった。村落共同体は軍隊にとって、その活力の主たる供給源として膨大な意味を有していた。将校たちの過半は、中小の地主層あるいは小作農［正しくは自作農］家族の出身者で構成され、下士官と兵卒の大半は村落共同体の出身だった。村落共同体の荒廃は、将校層の間に急進的政治「改革」の実施を求める強力な諸潮流が台頭する原因となった……。軍部の政治に対する干渉は、頻発する上級将校に対する下級将校の不服従の間接的原因だった。いわゆる「青年将校」は、自らの若さゆえに、また執行権力によって上からも使嗾《しそう》されたとかで、向こう見ずで自信過剰な輩であったが、上級将校らの事なかれ主義や優柔不断を非難し続けた。(35)

軍部は国家内で膨大な勢力となっていった。参謀本部の同意なしには、首班の指名も覚束なかった。軍上層部の要求によって、内閣も交代していた。しかしながら、軍部も結局のところ、財閥《ザバイツ》――日本の諸独占企業――の意思を体現する役を担うだけに過ぎなかったことは、顧慮されねばならない。彼らの利害が錯綜する奥深いところで育まれたのが、田中［儀一］大将をその最も明瞭な表現者とするところの理念である。彼はいまだ一九一三年に、次のように記している。

---

(34) S・ベロウーソフ「再度寝返った秘密諜報員」（『極東の諸問題』一九九一年六号、一六九～七〇頁〔С. Белоусов, "Дважды перевербован," *Проблемы Дальнего Востока* № 6, стр. 169-170. Москва. 1991〕）。

(35) 林三郎『太平洋戦争陸戦概史』七～一〇頁、岩波新書、一九五一。前半の引用部分（傍線箇所）は、原文でも「陸軍を政治面に進出させた国内的な動機は、農村の窮乏にあった。農村は陸軍にとって人的補充の基盤であったからである。将校には中小地主、自作農出身者が多く、下士官、兵の大部分は農村出身者であった。それ故に農村の貧困化は、陸軍特に青年将校をして政治的に急進化させるに与って力があった」（七頁）とあり、両者はほぼ符合する。しかし後半部は、叙述の主旨には背反せぬものの、直接に対応する文章が確認できない。ガポネンコ氏は、英訳本（Saburō Hayashi, in collaboration with Alvin D. Coox, *Kōgun : the Japanese Army in the Pacific War.* Quantico, Va. : Marine Corps Association. 1959）を利用したと想定されるから、この齟齬はおそらく原典と英訳本の間の不整合に由来するものと忖度される。

われらは、わが国が南満洲を獲得すべく二十億円を出費し、二十三万の兵士の血を流したという、あの歴史的事実を、断じて忘れてはならぬ。日本は国家的諸資源において、深刻なる不足を託《かこ》っておる。ところで、南満洲には無尽蔵の富がある。

同大将は、一九二七年七月二十五日に天皇へ上奏された覚書の中で、自らの政治綱領を叙述している。

世界を征服せんがため、われらはまず中国を征服せねばならぬ。もしわれらが中国を征服できたならば、インドや、また南海の諸国といった、他の小[!?]アジアの国々は、すべからくわれらを恐れて、われらの前にひれ伏すであろう……。中国の全資源を獲得するならば、われらは、インド、中央アジア、そして最後にはヨーロッパまで、征服に乗り出そう[36]。

田中は、資源には完璧に精通していた。一九一三年、満洲は耕地のみで三二〇〇万エーカーを擁し、そこからは大麦、大豆、玉蜀黍《とうもろこし》、蜀黍《もろこし》、小麦で相当の収穫が上がっていた。牧場では千五百万頭の牛が草を食んでいた。建築用木材の備蓄も並大抵ではなかった！　黄海の沿海域では、さまざまな魚群がピチピチ跳ねていた！　中国の職人が織り上げるか、織物工場で生産される絹は、値が付かぬほど高価だった。満洲と蒙古には「新鮮な空気と素晴らしい自然」があるから、そこを「保養所コロニー」にしてはどうか、とさえ言いだす高齢の軍司令官もいた。

日本の諜報機関は中国北東部において長らく挑発的陰謀を画策し、あらゆる生活領域にまで図々しく介入していた。戦争に必要だったのは、もはやその「きっかけ」だけである。だが、きっかけがなければ、それを作り出せばよい。当時のある日本軍のパンフレットでは、そのきっかけなるものがすこぶる鮮明に潤色されている。以下では、エス・ベロウーソフの歴史ルポルタージュから引用する。

一九三一年[37]九月十八日の遅い夕刻、奉天《ムクデン》郊外において、中国兵の一団が奉天近くの日本の鉄道線路上で、日本の列車を転覆させるべく地雷を爆発させた……。幸いなことに、路盤爆破地点のすぐ近くには、六名の兵士を率いる河本《カヴァモト》中尉が居合わせた。同中尉は四十八代続く武家の直系子孫だった。列車が接近中なのに数ヤードの線路が破壊されていて、もはやいかなる現世の力をもってしても惨事を回避させることは叶わぬと見てとるや、中尉は神々へ加護を申し入れた。日本の方角へ向き直り、恭しく頭を垂れたあとで、皇室の生みの妣で、また大女神でもある天照御大神《アマテラス・オミカミ》——「天を輝かせる女」——へ庇護を呼び掛ける。そして、恭しくも熱烈な彼の祈りは聞き遂げられたのだ。鉄道路盤が爆破によって破壊された箇所に差しかかると、列車は離陸して空中を走り、危険区間を飛び越すや滑らかに落下し、再び線路上に戻って走行を続けた。列車の機関士と火夫の証言は、河本中尉自身と六名の兵士の証言とも相俟って、超自然現象の信憑性を裏づけるのに十分であった。この現象はまた、日本民族の神的起源を世界中に再び知らしめることになった(38)。

日本軍は中国人の微弱な抵抗を潰しながら、満洲の肥沃な河谷を縫って展開していった。一九三二年二月初め、日本軍はハルビンへ進駐した。この都市は、革命前まではロシアと通商関係を有したから、ここにもロシア人が少なからず暮らしていた。［十月革命後の］国外への亡命《エミグラツィヤ》は、町のロシア人住民を顕著に増加させて、当該時期にはほとんど十万人を数えた。ロシア人は、最も厚かましい収賄者である中国人役人の迫害に

---

(36) ガポネンコ氏は典拠を明示していないが、「田中覚書」は「対支積極的根本策」を上奏したとされ、「支那を征服せんと欲すれば、先ず満蒙を征服せざるべからず。世界を征服せんと欲すれば、必ず先ず支那を征服せざるべからず」という文言がよく知られる。ただし、「田中上奏文」は偽作とされている。

(37) ガポネンコ氏の原文では「一九一三年」と記されているが、当該引用文は明らかに一九三一年に出来した「柳条湖事件」に係る記載である。著者に問い合わせたところ「誤植」であることが確認できたので、訳文では「一九三一年」に訂正した。

辟易していたから、日本の小旗を手にハルビンの街頭へ飛び出し、「万歳！《バンザイ》」の叫び声を上げて「解放者」

を迎えたのは、ほかならぬロシア人たちである。

しかるに数日後には、同じロシア人らがハルビンから、そして満洲からも、脱出の方途を模索し始めた。勝利者のあとを追って、大量の「相談役《ソヴィエトニク》」や「顧問《コンスリタント》」が日本から流入する。遊郭経営者、麻薬商、密輸業者、山師がそれである。彼らは突如として無限の権力を得て顔役となってゆく。彼らの初仕事は妾を囲うことで、妾になったのは専らロシア人の女たちである。彼らの指示で裕福な市民が逮捕されて、身代金が要求される。街頭では日本人の浮浪者や強盗が徒党を組んで闊歩するが、彼らは日本語で「浪人《ロニン》」と称された。彼らは商店や住宅を襲い、乱暴狼藉を働き、女たちを凌辱した。

以下もハルビンで起きたことだが、ある時、中東鉄道株式会社《カ・ヴェ・ジェ・デ》社員の細君と娘が散歩に出かけた。いずれもロシア人である。彼女らは若者のギャング団に不意打ちを食らって、白昼堂々と誘拐される。助けを求める声に応える者は誰もいなかったから、隣家へ引きずり込まれ、そこで最初は娘の面前で母親が、次いで母親の眼前では娘が、それぞれ慰みものとなる。だが、彼女らの災難は、これだけでは終わらなかった。彼女らが訴えに赴いた警察署でも、初めに同様な暴力を受け、次には、売春行為の廉で監獄に送られたのだ。しかしながら、この事件は決して最悪の事例ではない。多くの人はいずことも知れず杳《よう》として姿を消し、彼らが死の直前までに、どのような辛酸を舐めたのか、今や知る人もなし。

亡命ロシア人社会の活動家の一人であるピョートル・バラクシンは、日本の諜報機関の活動に関して興味深い手記を残している。日本人は、対ソ破壊活動に従事する秘密諜報員を、ありとあらゆる募集方法を駆使して選抜していった。まず若者らを逮捕し、監獄にぶち込み、拷問を加えた。最も広範に行われた拷問の一つが、灯油を混ぜた水を、鼻を通して体内へ注入するというものである。諜報機関のためには、各種拷問法を解説する特別な指南書すら執筆される。

・不動の姿勢で正座するよう強いる。
・指間に鉛筆を一本ずつ挟み、各指の先を紐で縛り合わせた上で揺する。
・被尋問者を仰向けに（足は若干高めて）寝かせ、鼻と口へ同時に水を滴らす。
・被尋問者を横向きに寝かせ、踝を踏みつける。
・背を真直ぐには伸ばせぬような棚の下に被尋問者を直立させる。

その際、叫び声が外に漏れぬような措置を講ずることが頗る重要である。

一九三二年四月、複数名の正体不明者（おそらく中国人パルチザンら）によって橋が爆破され、列車転覆が

(38) S・ベロウーソフ「再度寝返った秘密諜報員［A・ヴェスパ著『日本の秘密諜報員』の資料にもとづいて］」（『極東の諸問題』一九九一年四号、一四〇頁所収。С. Белоусов, “Дважды перевербован [по материалам книги А. Веспы «Секретный агент Японии»]” *Проблемы Дальнего Востока* № 4, стр. 140. Москва. 1991）。ベロウーソフ論文は『極東の諸問題』誌に一九九一年四号から六回にわたって連載されており、初回分にのみ、このような完全タイトルが付されている。連載記事はイタリア人秘密諜報員A・ヴェスパの著作（Amleto Vespa, *Secret Agent of Japan. A Handbook of Japanese Imperialism.* London : Victor Gollanez (1938) ; *Secret Agent of Japan.* Boston : Little, Brown (1938) ; *Secret Agent of Japan.* Peter O-Connor (ed.), *Critical Readings on Japan, 1906-1948 : Countering Japan's Agenda in East Asia.* Series 1, Vol. 10, Folkestone : Global Oriental ; Tokyo : Editions Synapse. 2008）の詳細な解説・紹介を試みている。

「柳条湖事件」（中国では「九一八事変」と称する）の真相は、一九三一年九月十八日午後十時半過ぎ、河本末守中尉指揮下の関東軍小隊が、奉天（現瀋陽）郊外柳条湖の満鉄線路上に爆薬を仕掛け、爆発させたにも拘らず、関東軍はこれを「中国の所為」と宣伝して、中国の「北大営」に向けて軍隊を出動させたもので、いわゆる「満洲事変」の端緒となった。これは石原莞爾が企てた謀略とされている。セルゲイ・R・ベロウーソフは、このパンフレットを日本軍将兵の間に頒布された宣伝冊子であると明記し、剰え「文芸作品」とも評している。

発生、日本兵一九二名が死亡、負傷者は三百名以上。捜査のため、予審判事・検査官・刑事らが大挙して到着、一斉検挙も開始された。全く無実の人たちが、裁判も審理も経ずに銃殺された。「秩序を維持すべく」派遣された日本兵らが、飲酒に起因する流血の乱暴狼藉を働いた。家宅が捜索され、略奪され、放火された。人々は気晴らしのために銃殺された。数十名の娘たちが、全くの少女たちさえも、あるいは単独で、あるいは集団で強姦された。彼女らのうちの何名かは、のちに死亡が確認された。

一方、同じ頃の日本本国では、印刷機が競って、以下のような標語や檄文を世に送り出していた。「戦争は創造の父、文化の母！」、「満蒙は日本の生命線！」、「われらの父祖が血を流して獲得した権益を守れ！」、「満洲に土地はいくらでもある！　農民よ満洲へ行け！」、「満蒙を赤化から救え！」……。

「生命線」をめぐって報道が激すれば激するほど、戦場荒らし、略奪、暴力はますます強固に、満洲における日常茶飯事、生活様式となっていった。

戦争の論理はさらに、日本軍を中国本来の領土へ侵攻させた。一九三七年七月七日[39]、日本軍は戦うことなく、万里の長城を越えた。この戦争については、日本人自身が六〇年代に『三光《サンコ》』と題する書籍を公刊している[40]。「三光《さんこう》」という語は、逐語的には「三つとも一つ残らず」――最初の一字が含意するのは命令形の動詞「撲滅せよ、焼却せよ、破壊せよ」――を意味する。同書には、中国における戦争の参加者が執筆した幾篇かの回想記も収録されている。ここでは若干箇所を抜粋して紹介しよう。

ニカジマ大将の日誌には以下のような記載が見出される。

> われらが任務は、たとえ一人ずつ殺さねばならぬとしても、捕虜にはするな、である……。一つの支隊だけでも一万五千の中国人を殺した。砲兵中隊指揮官は兵卒らに、千三百名を殲滅するよう命じた。およそ七、八千名の中国人が一カ所に集められて、殲滅された……。

別の参加者らの告白は以下の通り。三人の中国人労働者が日本軍司令部脇の「通りをぶらついていた」。憲兵らは二人を斬首し、三人目については、外科医の小笠原《オガサヴァラ》軍医が手術を執刀した。二人の労働者を処刑したばかりのまさにその刀で、彼はまだ生きている人間の体内から、一つずつ臓器を取り出して憲兵らに披露した……。未知の場所の掃討に際し、日本兵らは、身を隠していた一人の中国人を発見する。兵士らは彼を釘づけし、一人の将校が日本刀で顔を両断する……。一人の中年男は、白熱するやっとこで拷問される……。別の日本兵は若い女を強姦すべく連行中。彼女は乳呑子を抱えている。兵士はその子を、沸騰する釜の中へ投げ込む……。立体望遠鏡を覗く砲兵たちは、広場で繰り広げられる賑やかな歳末風景を観察する。彼らは一儲けすべく、群衆に向けて火蓋を切る。略奪品の分け前を受け取った将校は、「貴様らは市場の中心を、第一弾では破壊できなかった」と、部下たちを叱責する……。ある寒村では「首切り人」と綽名《あだな》される中隊指揮官が、兵士らへ完璧なる自由を付与する。農民らは顔を軍靴で蹴られ、銃剣や軍刀で突きまくられる。将校の一人は、「華麗」という名の洗練された断首法を実演する……。最後に、日本軍人の残忍性と非人間性に対する今一つの告発を披露しよう。

満洲の域内に一九三九年、関東軍科学研究部所属の専門家らの牛耳る収容所が設立された。長春からおよそ一〇キロ離れた一〇〇号収容所には特殊な監獄が建設されて、スパイ活動の廉で告発された匪賊（紅髭子《フンフーズ》）

---

(39) これは、北京南西郊外の盧溝橋における日中両軍の偶発的衝突、いわゆる「盧溝橋事件」（中国では「七七事変」と称する）の日付である。同事件を契機に、日中両国は全面戦争に突入する。

(40) 該当書を博捜するも、見出されたのは「一九五七年」に上梓された、神吉晴夫編『三光——日本人の中国における戦争犯罪の告白』（カッパ・ブックス、光文社）のみ。その表表紙や内表紙の裏では「殺光、焼光、略光［正しくは「搶光」］」、これを三光という。殺しつくし、焼きつくし、奪いつくすことなり」と、「三光」が解説されている。だがこれは、ガポネンコ氏の参照された文献ではなかった。

や、累犯者《るいはん》や、共産主義宣伝の嫌疑をかけられた「思想犯」などが収容された。収監者たちはまず、病原菌に感染させられ、次いでは疾病の進行が監視され、さまざまな療法を駆使して治療も試みられた。もし健康が回復すると、その者には再び新しい実験が試みられた。収監者が生存する間は、この種の実験が繰り返された。生きた人間に対する細菌の影響が追究される中で、人体実験が体系的に推進された。実験は、戦闘態勢に近い状況下でも進められた。収監者らは、然るべき間隔を空けて円周に配置された柱に、それぞれが縛り付けられる。中心部で榴弾を炸裂させるや、実験下の者たちは負傷するとともに、ペスト菌や炭疽菌に感染するのだ。柱に縛られた者たちの死亡を回避すべく、露出箇所は脚部と臀部に限られ、背部と頭部は遮蔽板、並びに汚れた分厚い毛布で覆われた。次いで、裂傷を負って呆然となる者たちの傷口が縫合され、彼らに対しては新たな実験が開始された。ここでは、凍傷に関する実験も行われた。［冷凍室に］収監された者は、足枷が付けられ、両腕と両脚を露出する以外は全身に着衣し、膚の露出する部分が水で濡らされた。実験者が巡回して両腕や両脚を棒で叩くと、凍結した箇所からは乾いた音が返ってくる。次に、お気の毒な被験者は部屋に戻されて、手足を温水に浸すことを強いられ、水温は次第に高められた。被験者は苦痛のあまり身を捩《よじ》らせて、叫び続けた。彼の痛みは、切断せぬ限り取り除かれぬように思われた。その後、次々と実験をこなした上で、火葬場へ送られるまで、彼は手足の骨を曝したまま歩き続けるのだった。

悪を創出した人々がいまだ命脈を永らえているという感覚が、もしなければ、これらすべては、中世期の異端審問に類する、遠い昔のお話のように映るであろう。

強奪、暴行、殺人は、中国民族の身体に刻まれた、目に見える、剝きだしの傷である。ところで、大民族を絶滅の運命に陥れた、目に見えない、隠された痛みも、いまだあったのではないだろうか。

日本人は、自らの侵略を隠すべく、中国東北部の地に満洲国《マンチョウ・ゴ》という傀儡政権を創出する。一九三二年六月十四日、日本の国会は新国家を「承認」し、その翌日には「日満議定書」も調印された(41)。同文書はわずか二条で構成されている。

一条　満洲国は、その領域内で日本が従来もっていた、一切の権利権益を確認尊重すべし。

二条　日満両国は、その一方の領土及び治安に対する一切の脅威は、「同時に他方の安寧及び存立に対する脅威たる事実を確認し、両国共同して国家の防衛に当るべきことを約す。これがため所要の日本国軍は満洲国内に駐屯するものとする(42)。」

加えて、日本は満洲国を、搾取のない「王道楽土《ライ》」へ改造することも約束していた。

経済セクターにおける法律や法令が、あそこ即ち上層部で、如何に、しかも誰の希望に合わせて運用されているかについて、労働者や農民はすこぶる明るくないのが通例である。例えば新税率や、外国資本――ここに日本資本は含まれぬ、と理解すべきである――の組織化をめぐる厳しい措置などを取り上げてみよう。彼らは原料の日本への搬出と、日本商品の満州への搬入に対しては、安全地帯を設けていく。しかるに、商取引が強化されるにつれて、満洲側の債務はますます嵩んでいった。商取引における対日赤字を見ると、一九三七年が三億四五〇〇万元であるのに、一九三九年には既に十億元を突破していた。満洲における大規模な産業分野はすべて、日本の諸会社の手中に収められていた。これらの会社は、満洲炭鉱会社、満洲航空会社、満洲合成ゴム会社のように、なるほど名前だけは満洲を名乗っているものの、資本の絶対多数は、したがってまた収入も、日本のさまざまな企業主に帰属していた。日本資本は、経済における管制高地を強奪す

(41) 日本による「満洲国」承認と「日満議定書」の調印は、いずれも「九月十五日」に行われた。
(42) 日満議定書の本文「二条」に付されている「角括弧」は、本来の原文にはなく、著者のガポネンコ氏が、その箇所を強調する目的で挿入されたものである。

るにつれて、無限の可能性を持つようになった。国家的資源の強奪は、迂回路を一切通らずに公然と行われた。邪魔をする中国人商人からは、よくてその資産が、悪くすると彼の生命まで奪われた。その理由を見付けるのは造作ないことである。つまり、製造会社や商社、銀行、林業用地、肥沃な農地は、こうして日本人起業家の手に渡っていったからだ。根絶すると約束された搾取は途方もない規模に拡がっていく。女たちも容赦なく搾取された。一九四一年には満洲の製造工場で既に七十万人の女性が雇用され、しかも三五〇万人の女性は農業の生産現場で日雇い労務者として就労していた。児童労働が至る所の産業施設で利用された。十五歳以下の就労者は九％を占めた。女性労働と児童労働が低賃金に甘んじていたのは言うまでもない。被雇用者の数が不足すると、村落部へ動員がかけられた。国家評議会の労働部は、動員さるべき労働者の総数を指示する。地方は郡ごとに、郡当局は警察署ごとに、そして警察署は既に村長ごとに、それぞれ労働力を割り当てた。しかし、そのような動員措置も、すべての需要を満たすものではなかった。そこで、労働力の狩り立てが実施される。乞食や浮浪者が狩り出されて、軍事施設の建設現場へ強制的に送られた。若者、学童、知識人の代表らも、「自発的勤労奉仕」を行うことが義務付けられる。彼らは放課後に軍事施設で働き、休暇は農作業や鉱山での就労に充てられていた。そのような「勤労奉仕」の回避は「裏切り」と見做されて、厳しく罰せられた。

農民への仮借ない搾取の道具となったのは、満洲国の法律に基づいて設立された日系企業である。これらの企業は、中国人農民から農産物を「固定価格」で購入するための独占権を獲得していった。農民は身ぐるみ剝がされていく。彼は厳しく定められた期限までに、厳しく定められた量の農産物を引き渡すことが求められた。「固定」価格は市場価格の二五％から三〇％の水準に設定された。日系企業のお偉方の前に、投機のための沃野が開かれていたことは想像に難くない。農民が取り決めを遂行せぬような場合は、監獄が待っていた。

彼の首には、今一つの輪縄も掛けられていた。塩、マッチ、石鹸といった生活必需品は、自らの余剰生産物を供出した場合にのみ売却されたからである。だが、それだけでは終わらなかった。日本人当局者は住宅や納屋の捜索を定期的に実施して、食料の備蓄を点検した。もし再度にわたる捜索で備蓄の不備が見出されると、食料の一部がパルチザンへ流された、との結論が下された。家族の成員らは、逮捕や投獄、場合によっては死刑までも覚悟せねばならなかった。

同じ頃、中国人農民からの土地収用も進められる。日本人は満洲において「格別なる権利」を有していたから、土地を評価額の四分の一の値段で購入する一方で、誰にでもその烙印は容易に押すことが可能であった「反乱者」からは、土地が没収された。かつての朝鮮で見られたように、日本人農民の満洲への移住が開始される。移住者には最良の地所が提供され、家族の渡航費、住宅や農業施設の建設費、農機具の購入費を十分に賄える額の補助金も供与された。その際は、教育と医療体制の整備に相当額が控除されていた。一九四五年までに十万六千組の日本人家族が満洲へ移住している。彼らは他人の土地において主を自任し、主人顔していたのだ。

最後ではあるが、日本の政治家や軍人たちが、麻薬によって諸民族を殲滅するという、全くもって悪魔的な企てを着々と実現し始めたことは、特に力説しておくべきである。彼らは厚かましくも、土地は唯一無二の神国のために用意されたもので、他の諸民族はそこから姿を消さねばならぬ、と判断したのだ。朝鮮人は自らの欠陥で滅び、中国人は阿片の犠牲者となり、ロシア人を衰弱させるのはヴォトカであろう。これらの成り行きは、偏に加速させるべきだ。そうすれば、帝国内にはただアマテラスの末裔、神々の息子らのみが在住するであろう、と。

日本の軍司令部は、阿片、ヘロイン、モルフィネ、コカインの精製工場や、賭博場、遊郭を創設・維持する独占権を日朝共同の企業連合《シンジカート》に供与する事業の経費として、数百万円を獲得する。ハルビンだけでも一九三六年には、一七二の遊郭、五十六の阿片窟、そして麻薬が活発に取引される一九四の店舗が、殷賑《いんしん》を極めていた。

当局者は手を替え品を替えて、罌粟《けし》の生産を促進した。栽培基準内で生産する者には地代の支払いが免除され、基準を超えた者には兵役免除が認められ、「記録樹立者《レコルツメン》」は公職への就任を要求することができた。このような情況下では、応分の麻薬精製工場が必要となり、然るべき数の工場が開設された。満洲における日本支配が十年も経過せぬうちに、その三千万人の住民中、千三百万人は阿片吸引の常習者であった。忌わしくも驚くべき増加ぶりである！　日本の軍艦（ほかならぬ軍の！　船である）は、フィリピン、インドネシア、マレーシアへ阿片を運び、オーストラリアやニュージーランドまで足が延ばせないのを悔しがった。専門家が主張するところによると、ほかならぬ日本による満州占領以降、やがて四方八方に触手を伸ばしてゆく麻薬マフィア網は、まさに形成され始めた……という。

日本の侵略は中国にとって高いものについた。二千万の中国人が殺された。中国民族が自らの労働で創出した莫大な富が、日本の諸独占企業体《モノポーリヤ》の資産となったからだ。

以上のすべてが、永井幸太郎へ授与された賞牌の輝きの中に、まさに反映されている。彼が何らかの行動に自ら参加したかどうかは、全く意味を有さない。重要なのは、彼がこの――侵略者の、征服者の、強奪者の、ならず者の、殺人鬼の、強姦者の――政策の道具であったこと、その担い手であり、また実行者でもあった、という事実である。

彼は、自由放任によって堕落し、自らの優越を武力で示すべく調教された、日本の軍人精神を瑞穂へ運んできた。血腥い残忍さは、格別な自尊心の対象でさえあったと想定すべき根拠もある。

郡の小都市・真岡では、陸戦隊の上陸後、わが軍のある軍曹が住宅街を掃討する途上、とある住宅を覗き込んで、戸棚の上に置かれた写真帳を好奇心から開いてみた。彼を驚かせたのは、目立つ所に保存された二葉の写真である。その一つには広場が映っていて、遠景に群衆が見える。広場の最果てまで一列に正座しているのは、衣服から見て、中国人の捕虜たちである。いずれも後ろ手に縛られ、体を曲げている。最前面の三人は既に断首されて、頭が転がり、血溜りが散在するから、全員が座っているとはいえ、彼らは死体なのだ。そして、その姿勢は、彼らの頭が稲妻のような一撃で切り落とされたことを物語る。二人の刑吏が刀を帯びている。一人だけが刀を振り上げているが、もう一人は頭を切り落とした直後で、彼らの血は暗色の塊をなして、彼［第二の刑吏？］の足元の方へ流れている……。二つめの写真では、撮影者が処刑の決定的瞬間を捕捉していた。二人が中国人の両腕を押さえている。二人とも、返り血を浴びぬよう体を反らせたその瞬間、三人目が刀の一撃で斬首するや、頭はぽとりと落下して、首の切り口からは、鮮血が噴水のように噴き出した。

否、ほかならぬ永井幸太郎が、浦島における、そしてまた今部の納屋における殺害の、最も活動的な参加者の一人だったことは、断じて偶然ではない。たとえ、あそこ中国ではもはやないとしても、ここ瑞穂において、彼は授与された賞牌にふさわしいことを自らが立証したのだ。

第10章　残酷地帯

お前自身は何ものでもない。
お前の命は天皇のものである。
帝国陸軍における教育業務に関する決議案（一九二七年）より

死体発掘が行われた八月の暑い日に、戦後初めて召集された一兵卒が提起した「何のために」という問いに答えない限り、われわれの物語は精々の所、ほとんど半世紀前に出来した諸事件に対する弱々しい純文学的解説に過ぎないであろう。

人々は大昔から互いに殺し合ってきており、その実例は、大量殺戮も含めて枚挙に暇がないから、たとえ一件が新たに加わったとて、際限のない悲しい目録への影響はほとんどないであろう。あらゆる殺人は、冷めることのない誰かの痛みであるにも拘らず、われわれが追究する事例には、魂を震わせる何かがある。

私は、いまだ未成年の生徒だった頃、誰の作品だったか覚えていないが、チェコスロヴァキアの鉱山集落の悲劇的運命を伝える小品『リディツェ』を読んだ。一九四二年六月、ドイツ・ファシスト占領軍は、その集落の住民を、命知らずの英雄らを匿ったとして告発する。これらの英雄たちはチェコの愛国者であるが、第三帝国のボヘミアとモラヴィアを担当する保護官で、懲罰機関網の組織者だったハイドリヒの暗殺をプラハで敢行したのだ。そこでファシスト兵らは、自分らの長官の死に報復すべく、一千人もの人々を銃殺に処し、なかんずく鉱山集落とその住民を殲滅したわけである。

　のちになってハティン[43]の話も知ったが、その悲劇については今やわが国でも、あらゆる生徒が知っている。懲罰大隊は一九四三年三月二十二日、ベラルーシの寒村を包囲し、すべての住民を納屋へ追い込んだ上で、それを焼き払った。焔に巻かれて一四九人が落命したが、その半数は子供だった。懲罰隊なら、私も又聞きではなく熟知する。同年の夏、彼らはキエフ州のわれらがトルゥシュキ村にも姿を現した。［その前後の］二年半、わが村はドイツ軍の占領下にあったのだ。

　懲罰隊の到来とともに約十軒の農家《ハタ》が次々に炎上する。銃声、喚声、呻き声が村を目覚めさせた。われらが良き隣人、イヴァン・ステパノヴィチとマトリョナおばさんの快適な家宅《ハタ》は廃墟と化した。彼女の手は一度ならず私の小さな頭を撫でて、その都度、完熟の梨とか、赤い林檎とか、一摑みの炒った向日葵の種とか、何かしらお土産も持ってきてくれた。イヴァンおじさんは喉を掻っ切られて、馬車でどこかへ運ばれた。脇に座っていたのは彼らの娘だったが、髪を振り乱したパジャマ姿で、父親ともども冷え切っていた。マトリョナおばさんはハタ内で焼死したが、死後なのか、それとも生きながらだったのか、私は知らない。私がこの目で見た、元の姿を留めぬ真っ黒な燃えさしは、あの優しいおばさんのあとに残されたもののすべてだった。私の母は、隣家の女二人とともに遺骸を粗い麻布に包んで、マトリョナの菜園の外れまで運び、脆い砂の穴の中に埋めた……。

　一九四四年には、同じ運命がフランスのオラドゥール村を見舞った。[44]いずれでも活躍したのが懲罰隊であ

(43) ベラルーシ共和国ミンスク州に所在した小村。同地には一九六九年、彫刻群を含む慰霊施設が建立された。

る。

処刑事件後、彼ら懲罰隊については、わが家でもまた村内でも、さまざまな会話が長らく交わされたことを覚えている。曰く、彼らはドイツ人ではなくて「身内」の、即ちウクライナ人やロシア人——ほかにどんな奴らがいたかは悪魔のみぞ知る——の、祖国を喪失し道徳もわきまえぬ人々で、職業として、したがってまた生活様式でも死刑執行人を自ら選んだ、生まれながらの人殺しだった、と。彼らには特別な武器が与えられ、訓練を受け、心理的かつイデオロギー的学習を経て堕落させられたが、——ひたすら殺せ！との指示に対する——報酬としては、上等な制服、金銭、アルコール飲料、紙巻き煙草に加えて、自らの犠牲者から身ぐるみ剝ぎ取る許可までも与えられた。

しかるに、瑞穂村で血腥い生業《なりわい》を引き受けたのは、ごく普通の農民、一掴みの大麦や茶碗一杯の米の値段を熟知する勤労者、近親間の相互関係が醸す雰囲気を常に実感してきた、大家族の父親やその子供たちであった。

サハリンの西海岸にソ連軍が上陸して以降、とみに尖鋭化した国民的敵意のなせる業と、単に割り切ることも無論可能ではあろう。しかしそれでも、三船悦郎が取った行動を理解するのは依然として困難である。三船は朝の四時に夢を破られて、あたかも狩りに誘われるかのように、血腥い制裁へ呼び出されたのである。

——あそこで獣《コソラーブィ》どもが大麦畑を荒らし回っとるぞ。どうだ、追っ払ってやらんか、一、二匹なら倒せるかもね。

だが、そこにあったのは狩猟でなくて、丸腰の人々に対する殺人である。その場では足を踏み出す前に、何か未知なもの、重いもの、罪深いものを自らで克服し、そこを越えるならば、べとつく他人の血で自らを汚すことになる一線を、踏み越える必要がある。もしこの一線を踏み越えたならば、正常な人間を驚愕させるような偉業を達成することにもなろう。人類の道徳的遺産は、殺人の罪を自らに引き受けた人たちが、憔悴しきって理性を失うばかりか、ときには自殺まで遂げてしまうような事例を少なからず蓄えている……。以下では最高権威の作品を引用したい。

これは、ミハイル・ショーロホフの長編小説『静かなるドン』第一巻からの一場面、グリゴーリー・メーレホフの初陣を叙述したものである。

公園の鉄柵のわきを一人のオーストリア兵が、銃ももたず、ただしっかと軍帽をにぎりしめてよろめきながら、まるで魂がぬけたようになって走って行った。グリゴーリーは、うしろから、そのオーストリア兵の後頭部と、頸のそばのぬれている立襟とを見た。……。グリゴーリーは、かれを斬りつけるのに左手では勝手が悪かったが、鞍から身をのりだすようにして軍刀を斜《はす》にかまえてオーストリア兵のこめかみのあたりをめがけて打ちおろした。相手はこえもたてずに創口をおさえたまま、くるりと鉄柵によりそうて背を向けてしまった。……。恐怖のために長くなり角ばったオーストリア兵の顔は、鋳物のように黝ずんできた。……。かれのこめかみからは、軍刀でそがれた皮膚がだらりとたれさがっていた──ちょうど赤いぼろ布が頬にぶらさがっているように。血がうねうねと条をなして軍服の方までながれおちていた。

グリゴーリーはオーストリア兵と目を見あわせた。死の恐怖をたたえた目が、じっと動かずにグリゴーリーを見つめていた。……。グリゴーリーは半ば目をつぶるようにしてもう一度軍刀を振りかざした。

---

(44) リモージュ北西二三キロ、リムザン地方のオート・ヴィアンヌ村に所在した小村オラドゥール＝シュル＝グラーヌ（Oradours-sur-Glane）。オラドゥール村では一九四四年六月十日、村民六四二人がナチス親衛隊員（SS＝懲罰隊）によって虐殺されたあと、全村が焼き払われた。

思いきりふりあげて打ちおろした一刀は、頭蓋骨をまっ二つにした。オーストリア兵は、両手をひろげて、ずるずると辷るようにたおれていった。頭蓋骨の半分が、舗道の石の上におちて、にぶい音をたてた。……。

頭のなかが、鉛でもそそぎこまれたように混濁した。グリゴーリーは馬からとびおりて、頭をふった。……。かれは手綱をなげすて、自分でもなんのためかわからずに、自分が手にかけたオーストリア兵のそばによっていった。オーストリア兵はその場で、鉄柵の鎖に身をもたせかけ、まるで施しでもうけるように汚れた褐色の手をまえにつきだして、たおれていた。グリゴーリーは、じっとその顔をながめ入った。だらりとたれた口ひげをはやし、苦悩のためにか、それとも以前の味気ない生活のためにか、かさかさになった口を斜めにひんまげてはいたが――その顔は、グリゴーリーにはほとんど子供の顔のような可愛らしい顔に見えたのであった。……。

グリゴーリーは、……つまづきながら馬の方に歩みよった。力にある重荷を背負った者のように、かれの足どりは重く、もつれがちであった。嫌悪と疑惑が、かれの心を嚙んだ。かれはぎざぎざのついた鐙に手をかけたが、重くなった足はなかなかもちあがらなかった。[45]

数カ月後、メーレホフは

……うずくような心の痛みに、はげしくさいなまれた。かれは目だって痩せ、目方がへってきた。行軍中でも、休んでいるときでも、あるいは眠っているときでも、さきごろ鉄柵のわきで斬りころしたあのオーストリア兵のすがたが、目のまえにたえずちらついた。[46]

コサックのグリゴーリー・メーレホフは、花恥じらうような優男ではない。彼は軍事的な環境で成長し、「トルコ人」との戦に従軍した父親や祖父らの間で交わされる会話は、いつも戦争が話題であった。コサック軍団の上官たちは、グリゴーリーが軍刀、槍、カービン銃に習熟すべく指導、つまり、人の殺し方を教えたのだ。そして彼もまた、見ての通り、これらの業をかなり上首尾に習得している。上記の場面は、交戦中の双方の兵士たちが面を突き合わせた、白兵戦の最中に起きた出来事である。この瞬間の彼らは、司令部が練り上げた何らかの戦略的計画、あるいは戦術的作戦が雌雄を決するなどとは、露ほども思っていない。彼らが対峙するのは、動物的水準の原初的課題――生き残ること――だった。もしコサック兵がオーストリア兵を殺さなければ、オーストリア兵がコサック兵を殺すであろう。そこで、起きたことはたとえ誇りに思わないにしても、ともかく思い悩む必要はないのだとは、十分な根拠をもって断言できそうだ。しかし、中々そうはゆかぬものである。彼が兄のペトロと顔を合わせて心中を吐露するとき、心の奥底からは鋭い痛みとともに言葉が迸り出る。

――おれは、必要もねえのに一人の人間を殺したんだ、そしてそん畜生のことでいまでも苦に病んでるだ。毎晩、夢に見るんだぜ。こりゃいったい、おれがわりいのかね？[47]

……私が何十回となく読み返した尋問調書――芸術的絵画ではなくて、法廷での審理記録――は、自らの感情を吐露できるような劇場の舞台ではない。そして、私は依然として掘り続ける。形式張った官僚文体の行間を縫って、甲高い叫びや、夢想によって切り裂かれた心の悲鳴が聞こえないだろうか。女の子が死の直

(45) ショーロホフ、横田瑞穂訳『静かなるドン』(ロシア文学全集第二十三巻、ショーロホフⅡ)(上)第一巻第三編、二四七～二四八頁、修道社、一九五八
(46) 前掲書、第一巻第三編、二七二頁
(47) 前掲書、第一巻第三編、二七六頁

前に母の体の温もりをまさぐった小さな手が、夢枕に立たないであろうか。自宅から四〇メートルの野菜畑に埋められた死者の骨と皮ばかりの指は、窓の枠を叩かないだろうか。日に二十回、傍を通るのならば、二十回思い出さねばならぬ！　夜の小径では、血塗れの着衣で、切り落とされた下顎骨を抱える死者と出会うようなことが、果たして一度もなかっただろうか。

否である。起きてしまったことを示唆するような何らかの日常性は、少なくとも目に止まったはずだ。

一九四六年八月二十一日に行われた栗栖昇、柏原壬子両被告の対審調書から

栗栖：一九四五年八月二十二日、日本人今部の納屋にて、そこに居住するすべての朝鮮人が殺されたが、住民はすべて避難していたから、彼らを埋葬することが当時のわれらにはできなかった。われらが瑞穂へ戻ってきた八月二十五日か二十六日、途中忠雄がわが家を訪ねて、朝鮮人らの遺体を埋めに行くことを、私に提案した。私は同意し、われら――私、途中忠雄、三輪光正の三名――は一緒に出かけた。現地に到着すると、年齢が三十歳ぐらいの半死半生の朝鮮人を、われらは発見した。途中忠雄が斧で彼の頭に一撃を加えて殺した。そこには、殺されたばかりの遺骸も埋めた。と同時に、途中は、前に殺害された朝鮮人の女が息を吹き返して、日本人今部の住宅にいると告げた。その頃、日本人柏原壬子がわれらに合流した。われらが今部宅に入ると、辛うじて息を吐く朝鮮人の女を認め、彼女を畳に載せて、納屋の裏手の灌木の茂みまで運び出し、小山の斜面の裾に穴を掘った。埋葬に先立ち、柏原壬子が鉄製スコップで頭を打ち、彼女を殺した。そのあとで遺骸を埋めた。

柏原壬子に対する設問：あなたは栗栖昇の証言を事実と認定するか。

答：彼女を穴に収めて土をかけたとき、私はその場所を踏んで均《なら》していた。朝鮮人の女に引導を渡したのは、私ではなく栗栖昇で、彼はその際に斧を使用した。

栗栖に対する設問：つまり、朝鮮人女性を殺したのはあなただな。あなたはこの状況を事実として容認するか。

答：私は容認する。事実、朝鮮人の女を殺したのは私で、斧で彼女の頭に数回の打撃を加えた。

その先ではさらに、当初には論争すら起きた、とも伝えている。柏原は、彼女が見出されたままの状態で埋めることを提案するも、栗栖は反対し、やはり止めを刺した方がよいと主張した。

尋問はさらに続く。

問：女性を死者として埋めた、との確信はあるか。

ずるそうな気配は見せないで、答弁がなされた。

答：強く叩き続けたのだから、死んでいたはずである。けれども、絶対的な確信はなかった。

この物語がまさに衝撃的であるのは、野獣のような残忍さと、殺害の組織者らが人々を犯罪に立ち上がらせる際の安易さという、二つの事象の併存にほかならない。テロ組織なるものは、法廷でも根掘り葉掘り追及されたものの、何も出てこなかったではないか。テロ組織には少なくとも、綱領と組織構成が、さらに言えば、政治的敵に対抗する自らの努力も、なければならぬ。ここでは誰も、そのようなことはおくびにも出さなかった。それでは、かくもきっちりと組み立てられた、破滅的な計画の実行者たちが、どうしたら、かくも迅速に見出されたのだろうか。

そこで、人々の行動を内側から覗くことに努め、彼らに悪魔的レッテルを貼るようなことは一切差し控えて、彼らを生みだした環境へ総合的分析を加えることを試みてみよう。われわれを著しく支援してくれるのは、日本の著名作家・野間宏の小説『真空地帯』であるように思われる。この作品は四十年前に日本で公刊されて以来、世界中の多くの言語にも翻訳される中で、広範な知名度を獲得している。

『真空地帯』は、兵士を、おとなしくて従順であると同時に、また残忍でもある獣へと変身させる非人間的存在条件を軍隊の中に創出した、日本軍部を告発する作品である。

小説の筋書きやその主人公たち――「真空地帯」における殉教者としての軍人たち――の物語は、とりあえず脇に置きたい。以下では、兵営規律の全貌が解明されてゆく資料の部分だけを要約する。

兵士が軍務に就くべく兵舎に到着すると、彼には寝床と脇机が割り振られ、赤飯が振舞われる。中隊長は、自分が今や兵士の父であり、小隊長は母、古参兵らは兄者であることを諄々と諭す。ところが翌朝になると、新兵は既に地獄に落ちるのだ。玉座への神聖なる献身という精神の下で、彼の「教育」が開始される。彼が「政治学習」で痛めつけられるなどと、考えるべからず。小説中では、兵卒たちに対する将校らの説教など、全く登場してこない。兵舎では概ね、全員がこぞって忌み嫌い、准尉などはさらに軽蔑しきっている中隊長は、ほんの偶《たま》にしか姿を見せない。頻繁に居座るのは准尉であるが、人々に対する彼の権力は無際限であるから、一人残らず彼を恐れている。兵営生活はその他の場面においても、きつく巻かれた発条《ぜんまい》のように兵士を緊縛し続ける。

最も普遍的な教育方法はビンタである。新兵はのべつ幕なしに、しかも容赦なくビンタを張られる。ビンタは、拳、軍靴、竹刀、銃の索杖、鞘に収めた銃剣など、手当たり次第の物を駆使して実行される。

今まさに初年兵たちが、古参兵らの恐ろしい叫びに身を縮めつつ兵舎に入室するところだ。彼らはゲートルを寝床の下に仕舞い、そこには長靴も立てる。彼らの一人が後れをとる。班長は直ちに反応して、兵士に駆け寄るや、拳の一撃で張り倒す。

彼は「わるうございました……上等兵殿ゆるして下さい。」といいながら、寝台にへばりついた。

「たて、たたないのか……こいつ、こいつ。」

「はい……はい……たちます。」

「ゆるして下さいとは何だ」

「はい」

初年兵は鈍《にぶ》い音をたてて床の上に倒れるたびに、相手の打撃をさけようとして右手で自分の顔をまもろうとかまえながら起きてきた。(48)

娑婆では機敏で快活な青年も、軍隊では、最初の一週間を通して押し潰され続けた。ビンタは往々にして、虐《いじ》めに移行するきらいがあった。

二人の初年兵が汁桶をひっくり返した。上等兵は意地悪と憎悪に期待を膨らませる。

彼は初年兵に眼鏡をはずせと言っておいてつづけさまに拳骨で頬をなぐりつづけ、床の上に倒した。そして二人は班内の兵隊一人一人に汁をこぼしたことについて許しをうけてくるようにいった。(49)——しかも、彼らはその際、四足で匐《は》わねばならなかった。

初年兵にあっては何よりもまず、人間的尊厳の感覚を破壊し、恐怖と憎悪以外のすべての感情を抑圧することが求められた。古参の下士官が染一等兵に、床に頭をつけた逆立ちを命じる。哀れな兵卒は倒立する。班長は兵卒を烏賊《いか》と呼びながら、上に持ち上げられた彼の両脚を竹刀で叩く。

「……こんな奴、こうして殺してしもうてやるんや……こうして、こうして、こうして……」

(48) 野間宏『真空地帯』(上) 第一章、二九頁、岩波文庫、一九六一
(49) 前掲書、三九頁

「いひ……、いひ……、いひ……」

「死ね、死ね、死ね……死ね……」班長の顔は見る見るぷくっとふくれ上がってきた。……。と不意に、ふりあげた竹刀がストーブの上の薬罐にひっかかって、それをはじきとばした。……「あッ……あッ」染一等兵は顔をおおったが……。

「あついか……血がまだ通うてやがるか……血が通うてる間は……こうだ、こうだ、こうだ……」(50)——といって、班長は兵卒を打ち続けた。

当然ながら、兵舎での仕事はすべて若い兵士らが遂行し、彼らは古参兵のために肌着までも洗濯する。古年兵らには、実家から送られてくる物資の著しい部分までも引き渡すのに、彼らは侮辱され、おもねることも強いられるのだ。例えば、二人の初年兵が地野上等兵の足元へすり寄っている。


今日は既に訓練をおえた初年兵が、そこにかけつけていて、初年兵係上等兵のしている巻脚絆「ゲートル」をとくために、その足元にかがみこんで、「上等兵殿、上等兵殿、どうか、自分にとらして下さい……」とたのみこんでいた。ところが、地野上等兵の右足には二人も初年兵がだきついて、自分にとらして下さい、自分にとらして下さいと、互にいい合っているのだ。みると一人は安西二等兵だった。

「おお、いいよう——、安西……お前に巻脚絆とってもろたら、おっとろしいよ——」地野上等兵は言った。

「上等兵殿……そんなこと言わずに、自分にやらせて下さい……上等兵殿、上等兵殿。」安西二等兵はコンクリートの上を膝であるき廻りながら、顔をふりつづけた。(51)

佐藤初年兵は、三年兵の上役に声をかける。

「曾田三年兵殿……」

「なんだ」

「地野上等兵殿が、行ってなぐってきてもらえといわれました……」[52]

この獣の檻の中では例外的な存在の曾田三年兵は、それを断る。佐藤は退去するも、地野に言い含められて戻ってくる。佐藤は曾田へ「どうしても彼になぐってもらってこないと承知しない、もしなぐってもらってこなければ、地野上等兵自身、ここへ来て曾田に話があるからと言っているというのだ」[53]と、訴える。ここに、兵士たちの手紙があるが、そこから何行かを紹介する。それらからは血が迸っている。

軍隊ほどいやな所はほかにない……。ここではみんながひとをだしぬくことばかり考えている。……班長は薄情で、自分がうまいものをたべることができることばかりを考え、一寸したことで兵隊をしかりつける。[54]

安西二等兵［学徒兵］は涙ながらに、母親へ訴える。

母上様。……。慰問袋《いもんぶくろ》、至急送って下さい。お腹《なか》もへりますが班長殿や三年兵や古年兵《こねんへい》にもあげなければならないのです。……。手の方はいよいよはれあがって、あの油薬もぜんぜん効《き》かず、まげのばしができないほどになりました。お腹の方もどうしてもなおりません。……。

心などもうなくなってしまった。自分をどうすることもできない。犬のようにたたきまわされても、

---

(50) 前掲書、第二章、一〇六～〇七頁
(51) 前掲書、第二章、九六～九七頁
(52) 前掲書、第二章、一一二頁
(53) 前掲書、一一三頁
(54) 野間宏『真空地帯』(下) 第二章、一一二頁、岩波文庫、一九六一。手紙の筆者は主人公の一人、曾田三年兵・一等兵。兵営から非合法手段で、山海楼の花枝宛に届けた手紙の一節である。

なんともないし、……。

靴は重いし服はだぶだぶ。ざらざらざら。お母さん……また、今日も蟬、せみです[55]。

「軍隊内務書」の綱領の文言は、虐めを示唆するように見える。

兵営ハ苦楽ヲ共ニシ死生ヲ同《おな》ウスル軍人ノ家庭ニシテ兵営生活ノ要《よう》ハ起居《ききょ》ノ間《かん》軍人精神ヲ涵養《かんよう》シ軍規ニ慣熟《かんじゅく》セシメ鞏固《きょうこ》ナル団結ヲ完成スルニ在《あ》リ[56]。

ある兵士[57]は、兵営の地獄を隈なく体験したうえで、「内務書」の条文を要約する。

兵営ハ条文ト柵《さく》ニトリマカレタ一丁四方ノ空間ニシテ、強力ナ圧力ニヨリツクラレタ抽象的社会デアル。人間ハコノナカニアッテ人間ノ要素ヲ取リ去ラレテ兵隊ニナル[58]。

すべての兵士が異口同音に、正真正銘の恐怖と語るのは、派遣部隊の一員として前線へ送られる決定が伝えられるときだったという。彼らは各々ながら、同じ一つの思念で打ち震える。出征命令が突如、自分の身に降りかかってきたらどうしよう。全員は、極度の緊張状態に留め置かれるわけだ。

班内は全く陰うつで残忍な洞穴のようなところになった[59]。

格別な恐怖に襲われたのが補充兵たちの場合で、彼らはすっかり意気消沈する。

彼等は既に野戦行きのニュースで全くおびえてしまい、元気をうしなっていたが、なおなにかにたよろうとするように曾田にすがりつきにきた。彼等はみな体の小さい、胸はばのせまい、あるいはまた眼球に傷があって照準に差し支えるような兵隊だった。やせてすじばり、その上に大きなだぶだぶの汚い略衣をきているので、ぶかっこうで寒そうで哀れだった[60]。

恐怖が彼らを八つ裂きにする。これら年配者は世故にもたけていたから、前線の恐怖は全存在をもって理解していた。

曾田の班で野戦行きに決定した補充兵の四名というのは東出、佐野、内村、世古だったが、彼らはいずれも三十半ばをすぎていて、しかもその体はいかにもひ弱かった。世古などにいたっては細い曾田が自身にくらべても哀れだと思うような骨格の、四肢の細い男だった。東出は体は小さくとも少し使えそうな兵隊だったが、片方の眼には大きな星がはいっていた。佐野はしなびた肌をしたまことに老人くさいのろのろした人間だった。そして彼等の家庭ではいずれも妻がはたらいて二人以上の子供をやしなっている。(61)

軍隊は真空地帯である(62)――と、ひとりの兵士は結論を下した。

この地帯から立ち現れたのが、従順ながら残忍で、野獣のように行動する兵士たちである。残忍さは勇敢さと解されたから、北京や上海の街頭で、ビルマで、インドシナで、フィリピンで、またインドネシアで虐

(55) 前掲書、第六章、二〇九～一〇頁
(56) 前掲書、第四章、一三頁
(57) 曾田一等兵。引用文は彼が個人手帳に綴ったもの。
(58) 前掲書、第四章、一三頁
(59) 前掲書、第六章、一三〇頁
(60) 前掲書、第四章、五二頁
(61) 前掲書、第六章、一三二頁
(62) これは不正確な引用である。「ひとりの兵士」とは曾田一等兵を指すと思われるが、原文では曾田による「内務書」要約の直後に、「たしかに兵営には空気がないのだ、それは強力な力によってとりさられている、いやそれは真空管というよりも、むしろ真空管をこさえあげるところだ。真空地帯だ。ひとはそのなかで、ある一定の自然と社会とをうばいとられて、ついには兵隊となる」（下巻、第四章、一四頁）と続いている。したがって、これは、曾田の要約に対する野間自身の解説、と解すべきであろう。

殺が行われたときは、残忍と勇敢が鼓舞され、また喝采も浴びたのだ。日本軍にあっては従順と残忍が、伝統によって神聖化され、人間の中に最も卑劣な本能を覚醒させ、より非力な人々を支配する無制限の権力も付与したのだ。

兵営的残酷さは、瑞穂においても棘のある萌芽をもたらしたようである。殺害を組織する段階で作動したのが、東京では以前から発動され、行政・警察機構の周到な監視下で機能してきた服従システムであった、と想定すべき根拠が存在する。このシステムは、命令・指令・指示に対する盲従を義務付けており、もしもこれらが軍人の発したものであれば、たとえ引退した軍人であろうと、また位が下士官であろうとも、格別な処遇を受けてきたわけだ。しかるに兵営で実権を握っていたのは、ほかならぬ下士官や兵長であった。まさにその故にこそ、諸事件の震源地には森下泰夫や細川博の姿が見え隠れしたのだ。両名が、兵営で指揮を執るのと全く同様に、てきぱき指示を出していた事実には注目したい。制裁へのイニシアティヴも彼らに由来し、両名は動員も実行した。角田東次郎が朝鮮人・夏川へ最初の一撃を加えるときに命令を発したのも、まさに森下であった。彼の指示のもとに若者らの武装化も進められている。彼はまた「逃がすな!」という命令も発している。これは、街頭の群衆の中でのヒステリックな叫びではなくて、まさに熱心な遂行を前提とした号令である。今部の納屋の脇で最後の朝鮮人が如何に殺され、また橋本澄吉はどのように怯んだかを、想起してみよう。細川が悪態を吐いて軍刀を振り上げたとき、彼が狙ったのは、自らが殺すことも可能だった朝鮮人ではなくて、橋本であった。これは、自然発生的な激発であり、また兵営的な軍人気質の名残でもあった。橋本は恐る恐る殺害を実行する。彼は何を恐れたのか。殺すことそれ自体、血、細川、そしてまた彼の行動をじっと見守る全群衆の軽蔑も、つまり、これらすべてを恐れたわけだ。

瑞穂村の松山キヨシ校長は細川博を気難しい人物と評している。軍事教練を担当する教師の気難しさが兵営精神と共振することは、全くもって了解が可能だ。さもなくば、未成年の青年たちへ何らの心理的訓練も与えずに、女とその子供らを殺すべく送り出し、行きて殺すべし、と掌を指すがごとく指図したことは、何をもってしても説明できぬであろう。

予審では当初、朝鮮人に関しては上から、つまり軍司令部から指令が届いたようなことを、何人かの者が主張している。これまた、やはり兵営式であって、殺害の指令が届いていれば、殺しても誰の咎にもならぬわけだ。審理がこの詐術を一掃するや、多くの人たちは、犯罪の動機を説明する術を完璧に失ってしまった。彼らはそこで、学校での授業のように、彼らはスパイだとか、裏切り者だとか、ロシア軍を連れてくる、などと主張しだす……。これは兵営教育の所産である。日本国は全体として、戦時態勢下に存続する兵舎と化し、教育に関しては、日本国民が総体として兵長や下士官の手に委ねられたわけだ。

この意味で、「真空地帯」は瑞穂における犯罪の共犯者の一人であったとも、われわれは言うことができる。

第11章　子供らは最後に殺された

彼は刀子で彼女の喉を刺す
一撃は的を捉えず
彼女は諸手で空を攫み
地団太を踏む
痛みによる苦悶の痙攣

近松門左衛門『[女殺]油地獄《マスリヤヌイ・アード》』(63)より

これらの若者——細川武と千葉茂一——は、不可避の暢気さとともに、自らの宿命へ向かって道を急いでいた。

八月二十一日、彼らは浦島でのポグロムのあと、夕刻には、それぞれの家族が避難する山中へ赴き、そこで一夜を過ごした。すべての村の若者と同様、早朝に起床、朝食は済ませたものの、その先は、なすべきことが完璧に何もなかった。渓谷をぶらつき、小川で魚を獲り、高所から何が見えるのかを確かめるべく、幾つかの小山の登攀さえ試みた。どこへ行っても窮屈なだけ、こっそりと姿を消すことを望み、ただそのきっかけを求めていた。既に何日になろうか、日本の当局者は彼らを北海道へ運んでくれるはずだ、という噂が飛び交っていた。公式情報がないところには、そのようなニュースが勝手に生まれてくる。避難を余儀なくされた人々は、希望を抱かせることを聞きたいわけだ。若者らは今直ぐにでも村まで一走りして、いつどこへ赴くべきか、またどのような方法で疎開すべきかなど、諸々について知ることに躍起となっていた。事実、時局の切迫は彼らに行動を迫り、未知情報の片鱗でも入手し、尋常でないものに自らの手でも触れたいと願っていた……。かくて彼らも瑞穂へと向かった。

数十キロの距離は、もし彼らが勝手知った渓谷沿いの道を進んだとすると、若者の足では造作なく走破可能と思われる。道は斑模様に繁茂する草叢の間をくねくねと曲がり、曲がるごとに、お馴染みの若い白樺樹林、ハンノキの繁み、四方に枝を広げた楡の孤樹たち、端正ながらも人を寄せ付けぬ蝦夷松の群落、沼地に育つ細い白楊樹の密生する壁が、次々と若者らを待ち受ける。

そして遂に、橋に出る。留多加《ルダカ》川が水を素早く流下させる中、大柄の優美な魚が続々と流れに逆らって遡上してゆく。

谷の上、村の上空には静寂が漂い、すべてはあまりにも普段通りで、熟知するままだったから、戦争や来たるべきロシア軍の侵攻にも拘らず、彼らには順調な結末が信じられた。彼らには、何事も起こるはずがな

（63）ガポネンコ氏はこの題詞を、『油地獄』と題する近松作品のロシア語版（Тикамацу Мондзаэмон, “Масляный ад (перевод В. Марковой),” в кн.: *Ночная песня погонщика Ёсаку из Тамба: японская классическая драма XIV-XV и XVIII веков*, стр. 415, Москва: Художественная литература. 1989）から転載されたものと忖度する。原典は近松が人形浄瑠璃の脚本として執筆した『女殺油地獄《おんなごろしあぶらのぢごく》』、のちに歌舞伎でも上演された。引用箇所は主人公の與兵衛がお吉を刺殺する場面であるが、「音骨《おとぼね》立てるな、女めと／笛のくさりをぐつと刺《さ》す／刺されて脳乱《なうらん》／手足をもがき」（近松門左衛門、小山弘志・佐藤喜久雄・佐藤健一郎校注・訳『近松門左衛門集』（二）〔日本古典文学全集34〕五五七頁、小学館、一九五五）と描出されている。

い！　だが、ほかならぬ彼らに何事かが起きたのだ。

彼らは村で暫く過ごしたあと、午後三時過ぎには森下宅に姿を現した。村の中心部では、誰かが――例えば、村長か巡査であれば――彼らの質問には答えることができたであろうに、ほかならぬ森下の許へ、彼らは舞い戻ってきた。彼らを惹きつけたのは精神の同質性だけではない。ここでは他の場所よりもかなり高い確率で、細川武は兄と会うことができたからであろう。彼らは森下と細川（博）の中に、決断力に富み、粘り強くて勇敢な、行動の人を見出していた。村長や巡査を始め、すべての人たちは自宅に待避していたのに、若者の指導者たちの方は、模範的な愛国者であることが判明した。彼らは行動し、闘っていた！　両名の強烈な性格は、磁石のように若者らを引きつけたのだ。

森下は、独りではなかった。テーブルには細川博と、頑丈な体格の清輔大助も同席していた。青年らは、並んで座らされた。直ちに質問が浴びせられる。

――あの山中へ避難した家族たちは、どんな暮らしだ。

若者らは簡潔に答える。

――退屈なだけで、暮らしなんてありません。

森下は即座に、彼らのための仕事を見出した。

――ここに残って泊まり給え。夜には、ある女と子供らを殺さねばならんのだ。

彼は、若者らの側から何らかの質問か反論が出るのではないか、と期待して待った。しかし、質問はなく、反論もまた然り。にも拘らず、森下は付言が必要であると考えた。

――もし彼女らを殺さぬと、今部の納屋で見たことをすべてぶちまけるだろう。すると、ほかのことも明るみに出てしまう。村を危険に曝してはならぬ。

細川博と清輔大助が語り始める。彼らは自説を述べ、その根拠も開陳する。

――もしロシア軍が朝鮮人の殺害を知ったならば、全村に対して制裁をやらかすであろう。村は救わねばならんが、そのための唯一の手段は、最後の目撃者らを片付けることだ。

若者組織の会員らは、自らの指導者たちの提案を命令と受け止めた。かくて制裁の組織者らは、懸案であった問題を解決したわけだ。

……請負師山本の妻と彼らの子供たちは、朝鮮人丸山の家へ移してあった。主人の死以降、丸山宅は放置されていた。残された課題は、彼女らをさらにどう処置すべきか、である。彼女たちは絶叫し続けたので、そのときは殺されなかった。それでは今、どうすべきであるか。森下が立ち寄ると、そこには清輔大助もいた。動顚した十対の眼[64]が日本人らを迎えた。小さな囚われ人とその母親は薄暗い空き家に蹲って、辛抱強く自らの運命を待ち、何事も尋ねず、食べ物さえも求めなかった。正午にようやく、女は乳呑児のため牛乳がほしいと、おずおず口にする。その子が衰弱しきったからだ。牛乳が彼女の許へ運ばれたが、彼女らにとっては、これがおそらく、その日を通して最後の食物となったであろう。

若者たちが森下宅に現れる前には、喧々囂々の議論があった。三人が合意に達したのは、山本の家族を放置してはならぬ、という一点である。ただ母親と年長の娘たちだけを殺すという案も、無論ありえたが、では年少者らはどうすべきか。彼女らをどう処置するか。もし誰かに預けるとしたら、どこへ連れてゆくかという問題も生ずる。誰にも妙案は浮かばない。それに、幼児であっても話はできるし、今でなくともあとに

---

(64) 母親と五人の子供たちであれば、「六対」のはずである。

なって、体験談を語ることもありえよう。

森下が清輔大助に打診する。

――お前が連れ出して殺すのはどうかな。

その両腕が肘まで血に染まっている清輔は、意外にもこれを断る。

――どうしてだね――と、森下は尋ねる。

清輔は答えない。彼の長い沈黙が、再問を余儀なくさせる。

――俺は、子供は殺さぬ主義だ。

――でも、しようがないじゃないか。

――しようがないさ――と、清輔は同意する――でも、俺はやらない。

森下は、細川とともに事を決着させねばならぬと思った。だが、細川もやはり黙っていた。そこへ、まさに渡りに船のように、仕事を求める若者らが現れたのだ。

そのような好機を祝して、銘々の盃に酒が注がれた。森下は飲み干したが、強張《こわば》った表情で長いこと座り続けた。若者らはこの不可解な沈黙に耳をそばだてた。彼は遂に細川武と清輔大助に対して、丸山宅へ赴き、見張りに立つよう命じた。

――子連れの女はどこにも逃げはせぬ。重要であるのは、部外者の誰からも彼女らがそこにいる所を目撃されぬことだ。

千葉茂一は夜になってから起こされた。森下と細川博は既に起床して、彼を待っていた。森下は小軍刀を取り、同じものを千葉にも与える。細川は鞘に収めた諸刃の短剣を腰帯に装着する。三人は間もなく浦島へ向けて揃って出発した。

夜の冷気のせいか、それとも興奮からか、千葉は軽く身震いする。己を静めるべく、彼は軍刀の柄を強く握りしめる。先輩たちの模倣にこれ努めながら、彼も忍び足で彼らのあとを追う。行軍が体を温めてはくれるものの、彼の震えは中々収まらなかった。

暗い丸山宅の戸口で彼らは立ち止まって、開け放たれた扉の中へ森下が潜り込む。数分後、そこからは三人で出てきた。（細川）武は千葉に近づくや、あたかも歌垣で出喰わしたかのように、彼の脇腹を親しげに突いた。

——奴らは眠っているぞ——と、清輔大助が報告する。

——そうだ、眠っておる——と、森下が復唱する——別々の側から入れ。まず女を殺すこと。叫び声を上げさせぬように、一気に殺《や》れ。入れ。

細川武は軍刀をわずかに振り上げて、素振りを試みる。彼の仕草を、千葉茂一も繰り返す。武は細川博の弟であって、人後に落ちることを好まぬから、一番手を務める。千葉茂一は、自分の仲間に後れを取りたくなかったので、直ちに追随した。

室内はすこぶる暗く、彼らは暫くの間、立ち尽くさねばならなかった。とはいえ、就眠中の姿を識別するのには、窓から射し込む夜光で十分用が足りた。彼女らは直に畳の上で互いに身を寄せ合って寝ていた。ただ女だけは、自分のチョゴリを赤ん坊に被せている。彼女はおそらく眠っていなかったであろう。常日頃、五児の母親はカサっという物音にも敏感に反応していた。そこでは、たとえ音はしなくとも、人間たちが歩いていたのだ。眠れるはずはなかったろう。彼女に今や残された最後の努力は、子供たちを起こさぬよう、悲鳴を上げるのを極力差し控えることであった。

千葉には、女が頭をもたげ出したように見えたので、彼女の喉元へ軍刀を突き刺す。それから腹を二度ほど、さらには胸や頭と刺し続けた。すぐ近くで軽く鼾《いびき》をかく小さな塊は、無抵抗で柔らかな肉体だったから、彼は何の苦もなく刺し通した。母親の口から思わず洩れた臨終の呻きと、若い刑吏らの騒ぎとが、やはり一定の騒音を起こして、娘の一人を目覚めさせる。彼女は小さな手を持ち上げ、その手で母親か姉妹をまさぐろうとする。細川武の軍刀が彼女の背中を突き刺す。小さな手は床に落下して痙攣を始める。細川は子供らの漠然とした輪郭を狙って、素早い刺突を重ねてゆく。しかるのちに、彼ら二人は、まるで通常の農作業を遂行したかのように、自らの犠牲者たちの上に軍刀を突きたてた。ただ人の内臓が発する悪臭のみが、彼らの行動に終止符を打たせたのだ。彼らは外に出てくる。

——終わったか——細川兄は尋ねる。

——終わりました——細川弟は答えた。

森下は家に入り、室内を検《あらた》めて、着古した衣類のようなものを取り上げ、それを遺骸の上に投げ掛けた。同じ道を辿って、全員が森下宅へ戻った。往路よりもずっと緩慢な足取りだった。千葉は、赤らみだした朝の空気のもとで深呼吸を繰り返した。彼の腕と背中は汗でびしょ濡れ、汗の重い水滴がこめかみから流下し、朝冷えの中で凍結していくため、体は変調をきたしている。彼は自らの弱さを恥じた。

森下宅では、なぜか鈴木政義が待機していた。この者も眠れなかったのだ。主人は全員を朝食と茶に招待した。三十分後、森下の父親が到来し、テーブルの然るべき座を占めた。老人へ酒が運ばれるや、話に花が咲いて、あたかも、全住民は豊原方面へ脱出せよ、との命令が届いたかのような話を伝えた。したがって、彼は浦島の山中へ、家族を迎えに赴く途上である、と告げる。

——一昨日は家族をあそこまで連れて行ったが、今はどこへ向かえばよいのか——と、老人は溜息を吐く

——わしらはこの先、どうなることやら。われらは北海道へ運ばれる、のじゃなかったのかね。

──もし裏切り者がこれほど多くなければ──と、息子が答える──われらはどこにも行かなくて済んだのに。だが、俺たちは裏切り者に厳しい懲罰を加えつつある。瑞穂に在住した朝鮮人は、既に全員を殺害済みである。

老人は息子に反対せず、国家内の秩序に賛成であると述べた。

──しかし、目撃者はまだ残っています──と、森下弟が話を継ぐ──これらの人たちもやはり殺すべきです。

父親は、同意の印として頷いた。

森下（泰夫）は、──長谷川宅に丸山の妻と娘がまだ匿われている──と説明し──これはすこぶる危険である──と指摘する。

細川博と清輔大助は、話を元に戻す。

──そうだ、奴らも残してはならん。ロシア軍が到来するや否や、奴らは直ちにその許へ走り、一切合財ぶちまけるぞ。そうなったら何が起こるか、お判りかな。

清輔大助は、対話者らの目を次々に覗き込んでゆく。

──ロシア軍は村民を皆殺しにし、われらが住宅も焼き尽くすであろう！

全員が、その見通しに賛意を表した。

──しからば、奴らは今、殺さねばならぬ──と、森下が総括する。そして、若者たちへ呼び掛ける。

──お前ら三人が殺しに赴くべし。父が、お前たちを長谷川宅まで運んでくれよう。

若者たちは同意した。彼らは新しい避難先への移動が切迫している以上、いずれにせよ家族の許へ戻る必要があった。

老人がお茶に堪能すると、息子は父親を道路まで同行して見送った。若者らが馬車の後部の一隅に腰を落ち着けると、程なくその場所に到着した。森下キヨシは、息子からの依頼を遂行し、長谷川宅からほど遠からぬ所で馬を停めた。彼は、自分の好意に対し丁重に礼を述べて下車してゆく、若い道連れたちに御満悦であった。

細川武は真っ先に住宅に近づくと、兄の声さながらの大音声で、女に道路まで出てくるよう呼びかけて、さらに述べる。

——あんたは、われらに同行するよう命じられている。

彼は、誰の命令で、どこへ行くのか、は明言していない。女の方も何も尋ねなかった。

一分後、彼女らは表に姿を現す。女は娘の手を引いていた。娘はおよそ十三歳、ないしはそれをやや上回る年齢であるにも拘らず……。母親はどうやら、せめて何らかの支えが自分のためにほしかったか、それとも、自らが娘の支えとなることを望んだか、のいずれかであったろう。

しかしながら、細川は母子を引き離した。

——こうして行くのだ。

彼は少女の手を取るや、それを千葉に預けて、自らは女を連行した。朝鮮人の女たちはおとなしく従い、山の方へ向けて出発した。先頭が千葉茂一と少女で、やや後れて鈴木、彼らから十歩ほど後ろに細川武と、その囚われ女が続いた。

千葉は少女の小さな手を摑むや否や、全く思いがけず、胸中に動揺を覚えた。彼は脇から、その少女の弱々しい容姿、着古されたチョゴリ、汚れたモンペ、おとなしそうな雀斑《そばかす》だらけの吃驚顔《びっくりがお》に次々と視線を走らせるも、この存在がなぜ、これほどまでに彼の心を騒がせうるのか、何としても説明できなかった。つまり、もし彼がこのようにやわな男だとすると、彼には冷徹な心も、真の大和魂も、また確固たる性格もないということだ。しかるに、内側から燃え上がった願望は、一向に弱まる気配がなかった。彼らが先へ進めばそれだけ、この願望は、ますます強烈に全身を駆け巡るようになる。そこで、彼はそれを断ち切ることに決めた。道路からいきなり、ほとんど目立たない小道へ折れ曲がって、一〇メートルほど進んだ所で、自分の道連れの少女に小軍刀で切りつけた。刀は背中を狙ったにも拘らず、奇妙にもなぜか的から外れて、強烈な一撃を大腿部に見舞っただけ。少女は、少年らから加えられた侮辱に対して泣き叫ぶ少女さながらに、声を限りに号泣し始め、傷口をか細い手で覆った。鈴木は背後から、刀の柄で彼女の頭頂部を殴りつけた。自分の娘が殺されかけているのを見た女は、叫びだした。どんな母親であろうとも、自分の子に死の危険が迫るや、すべからく荒々しく逆上して叫ぶものだ。彼女は娘を救うべく身もだえた。が、彼女は小柄で痩せっぽちであるのに、その監視者の方は鍛え抜かれた力持ち。彼は、背中へ向けた短剣の一撃で彼女を制することができた。女はその場に崩れ落ちる。今一度、細川が短剣を揮うや、今度は右の肩甲骨の下方に命中。彼はすかさず第三打を、左の肩甲骨の下方にも浴びせた。

かくて瑞穂村の朝鮮人は、今や全員が根絶されたわけだ。

＊　＊　＊

一九四六年八月十四日の千葉茂一被告に対する尋問調書から

私がこれまでの尋問の中で、丸山宅における女と子供らの殺害では、私と細川武のほかに、森下もまた直接に手を下したかのような、不正確な証言を繰り返してきた。われらがこのような証言を取り調べで供述することを、細川と申し合わせたのは、われらによって殺害された朝鮮人の数を減らし、ひいては自らの罪状を軽減せんがためであった……。

法医学鑑定専門委員会記録から

表層土壌を排除する際、深さ二〇〜二五センチメートルの所で、無秩序に散乱する数体の遺骸が見出された。最上層に横たわるのは児童遺体……。同遺体の検屍結果——胸郭は破壊され、胸部や上肢諸骨に骨折箇所多数、頭蓋骨にも二個の頭蓋腔に達する貫通性損傷孔あり……。検屍所見——年齢四、五歳の男児遺体。同遺体のすぐ脇には第二の遺体が見出され……身長一二五センチ、胸部の二カ所には刀剣による貫通性損傷、また頭蓋骨の頭頂部にも、頭蓋腔に達する貫通性損傷孔あり……。八〜十歳の女児遺体。この遺体のすぐ傍に第三の児童遺体あり、身長一一〇センチ、年齢六、七歳の女児遺体。検屍結果——頭蓋腔に一個の貫通性損傷孔、胸部と腹部にも刀剣によるあまたの損傷あり……。この遺体の下方に第四の遺体あり、身長九〇センチ、年齢三、四歳の女児遺体。頭骨の頭頂部は破壊され、左側頸部と、やや鎖骨寄りに切り傷あり。孔底には年齢三十五〜三十七歳の成人女性遺体が見出される。頭骨の左方側頭部には頭蓋腔に達する刀剣性損傷あり。頸部に二カ所の刺突性傷跡。左側肋骨にも骨折箇所多数。腹部の二カ所に貫通性刺突傷跡も認められる。男児遺体の検屍所見——年齢五、六カ月の乳児遺体、胸部と臀部に刺突性傷跡。

第12章　細川武のため、短剣は如何に研がれたか

雷鳴が　よし巌の列柱を砕くとも
生まれながらの聾者には何も聞こえぬ
太陽が　よし天空で光り輝けども
生まれながらの盲者は何も見ぬ
われらが　よし健視者で
鋭い聴力に恵まるとも
われらは　所詮　盲聾者である

李滉《リファン》（イ・ファン）（十六世紀）

ムン・ジョンヒョンは、ホルムスクのブリキ缶製造工場に勤める技師であるが、古くからの私の同志でもある。わずか一年とはいえ、私たちはピャチレチエの学校で、ともに教師を務めた。かつて出会いがあり、それ以降も親しい付き合いが続いている。彼と快適に付き合える所以は、物事に対処する際の誠実さや、村の子供らの生活をもっと興味深いものにしようと努める、嘘偽りのない願望に求められよう。

ユーリー・セルゲイエヴィチ(65)はホルムスクへ去って、稀にしか顔を合わさなくなっても、私たちの友情の

(65) ムン・ジョンヒョンのこと。これは彼のロシア語名であろう。

絆は断たれなかった。一九八七年には、私のための資料収集で彼は大活躍してくれたばかりか、自分の幼年期や両親の劇的な運命をめぐっても、少なからぬ悲話を自ら語ってくれた。父親は一九四四年、塔路《トロ》（現シャフチョルスク）の集落から逐《お》われて、強制就労のため日本へ赴いた。多くの子供らとともに、母親は独り取り残された。彼らはただ困難な時代を、自分たちがどのように生き延びたかを記憶するのみである。

私は一度ならず、瑞穂村における悲劇的な出来事をめぐって、ユーリー・セルゲイイェヴィチと対話を重ねた。彼もやはり、制裁の脅威を体験することになったのではないか。ソ連の陸戦隊が恵須取《エストル》（現ウグレゴールスク）に上陸した日々には、彼の家族も島の奥地へ避難するよう命ぜられた。母親は子供らとともに、ある小村の薄暗い納屋の中に匿われる。ある朝、彼らは大声で交わされる会話で目覚める。街頭を行き交うのは、ある敗戦の悲哀に八つ当たりする標的を朝鮮人に絞って、右往左往する数名の予備役軍人だった。避難民たちは八月の丸一日、いつ起こるとも知れぬ最悪事態に備えて、飲まず食わずのまま息を潜めていた。

——果たして無防備のあなた方を殺すところまで、決定されていたのだろうか。

——瑞穂だって、ロシチノ集落だって、ましてやその他のどこであれ、決定があったことなんか知る人ぞ知るではないか。

われわれはすこぶる多くのことについて未だ承知してない。われらには恐れるべき根拠が山ほどあった。社会のはみ出し者だったし、かの大戦の中では朝鮮人の命など一銭にも値しなかった。三級住民であるわれらは、状況自体によって、そのような立場に追い込まれたのだ。

——生活の仔細はどこまで記憶されているのだろうか。

——隣接する掘立小屋のいずれでも、閉ざされたままの汚れた窓をよく覚えている。母はモンペ——すべての朝鮮人女性が着用した乗馬ズボン《シャロヴァルィ》——姿で、本来の色が定かでないブラウスを着て、乏しい料理を私たちのために作ってくれた。あの頃の母に別の衣服があったかどうか定かではないが、多分、寝具をしまう押入れの中で控えめな場を占めていた行李の中には、何かあったかも知れない。父とは滅多に会わなかったけれども、父が帰宅したときの様子はよく覚えている。母は甲斐甲斐しく作業衣を脱がせ、父自身はゲートルの処理に長い時間をかけた。彼は部屋の中であまり素顔を見せなかったが、ゲートルに関しては、今なお瞼にまざまざと浮かんでくる。父はゆっくりとした動作で長い時間をかけて——と、私には見えた——それを解《ほど》くや、そのまま床の上に放り出す。母はそれを乾燥させるべく、室内に渡した紐に懸ける。ゲートルが乾くと、母は一巻きに巻き上げて、編み紐で縛る。私の記憶にゲートルが深く刻まれているのも、決して偶然ではない。あの恐るべき貧困について、まだ何か覚えていないかですか。私たちの貧困は、われらが朝鮮人であることに由来した……。私の人生は、学校に通いだしてから急変する。

——現代日本の学校をめぐっては、子供の個性が尊重されて、強制も暴力もないなど、長所が色々と伝えられますね。

——反対する理由はない。昔の学校、それも私自身で体験したことに限って語ろう。私の学業のために母がどこからお金を工面したのか、もはや承知せぬものの、私はズボン、上着、学帽を新調してもらえた。新しかったのは衣装だけに留まらず、姓名も新しく、授業で使用されることになる言葉も、私には新しい言語だったのだ。

——何も驚くことはない。朝鮮自体では一九三七年、すべての公共空間における日本語専用を命ずる政令が既に公布されていた。一九四〇年九月六日付の「京城日報《ケイゼニッポ》」紙は、「新たな社会情況における朝鮮民族の課題は、外国語（朝鮮では朝鮮語が外国語となっていた！）の使用を拒否し、日本国家の精神を高揚・強化し、「日本語で考え、話し、書く」ことを標語として、自らの全生活に日本語を貫徹させることに存する」と説いていた。朝鮮の学校において朝鮮人の子供らに、母語による教育が禁止されたのも、すこぶる道理に適う措置だった。と同時に、朝鮮人は自らの姓を日本姓に変更せねばならなかった。カラフトに在住する者については、もはや喋々《ちょうちょう》するまでもなかった。

——私たちは朝鮮人の集住する路地から、ビクビク、オドオドしながら登校した。日本人の若い女教師は、大柄眼鏡のガラス越しに両の眼を光らせて、たった一度だけ、自分の要求や訓戒を口頭で述べるのみだった。その先はビンタ、拳骨、棒打ちによって自らの権力を行使した。定規では、数本の指を纏めて叩いた。重量のある大型定規を容赦なく、寛容のかけらも見せずに打ち下ろした。

——日本人の子供らも仕置きの対象になりましたか。

——無論、彼らも叩かれた。曇りのない目で見るならば、日本人の男子には許容されることが朝鮮人には赦されず、日本人男子が一度打たれる所は、朝鮮人の場合、三度も食らった。ビンタも私らにはより強くて、殴打もより激しかった。朝鮮人の犯した過失は格別な満足をもって迎えられ、その都度、子供たちの目には一対ごとに悪意のこもる意地悪の灯が点った。私らは恒常的に、自分が朝鮮人であることを思い知らされたものだ。それは一事が万事、文字通り一歩進めるごとに眼前に立ちはだかった。私は知識の獲得にこれ努め、懸命に学び、授業中は誰よりも見事に答えることも珍しくなかったが、最優秀の成績——「五プラス」に相当し、「秀《シュ》」と称した——は一度も付けてもらえなかった。このような成績を、日本人男子はもらえたのに、朝鮮人はさにあらずだ。体育の授業や遊び時間に校庭に出たときですら、生まれつき敏捷で活発な私は除け者にされ、きつい言葉が飛んできた。朝鮮人の子供はリーダーにはなれなかった。別な例を挙げると、休憩時間にとる昼食時のことだ。それぞれが学童机に座って、一粒のごみもこぼさぬよう清潔な布切れを拡げる。女先生は教卓で食事をとり、隣の生徒は自分の椅子に何とか収まる。それぞれが持参する米飯を詰めた箱

［弁当箱］がある。私の場合、米飯はすこぶる稀だったが、そんなときでも、米は全く異なる品質の下等米だった。

――朝鮮自体では、事態はさらに深刻だった。総督は一九三四年、「朝鮮では今や、松葉、松の皮、蓬、その他の植物が常食である」と認めることを余儀なくされた。

――あるいは私の「弁当箱」の中身のせいで、あるいは何かほかのことが原因だったかも知れぬが、席の後ろで頭越しに交わされる悪意に満ちた囁きを聴き、感じ取る。私は目を上げて女先生に視線を向けるも、彼女の強張った顔が見えるのみ。彼女は何も聞こえない振りをしている。私が侮辱されるときには目をつぶるのに、侮辱者へ返礼を試みるや、間髪入れずに反応する。女先生は規律違反に対して処罰するわけだ。そして被害者に非があるとされるこの不正義は、子供らをして休み時間中に落とし前をつけさせるよう、専ら仕向けることになる。子供たちは、除け者に対する女先生の態度を目ざとく把捉するのだ。

――しかし、その頃には「日本の同胞たち」に対処する法律が立案されていた。なかんずく、日本に在住する朝鮮人の子供には、日本人の子供と同等な権利と機会が約束されていた。

――だがそれは、猫と虎を一つ檻に入れて、両者へ対等な権利を付与する話と同断だ。私らは、暗黙裡に維持される全般的蔑視の壁の背後に差別を感じ取る。彼らが望むのは、私ら自身が彼らの都合に合わせて、われらの名前、習慣、昔話、歌謡を捨て、われらの近親者や先祖らとも絶縁することであった。私らは、忠義と遵法精神に富んだ臣民にならねばならなかった。こうして、彼らの優越性が確立される。大人になるにつれて、朝鮮人と日本人を隔てる深い溝は顕著となっていく。この溝がとりわけ深遠となるのが、軍隊を職業に選んだ人たちの場合であった。

――この点で、フランスの女性ジャーナリスト、アンドレ・ヴィオリスの証言は興味深い。満洲征服のあとを受けて、軍部がまさに力をつけていった時期に、彼女は日本に滞在し、その後に『日本とその帝国』[66]と題する著書を上梓したが、そこでは、ある駐在武官の洞察が紹介されている。同武官は軍事教育システムについて論ずる。「まず、日本の将校がどのように養成されているか、御覧ください……。日本人の過半の子供と同様に、ヤマト国において最も名誉ある階級とされる軍人社会に参入することを夢見る、平均的な少年を例に採りましょう。このような少年は、すべての日本人子弟同様、まず小学校、次いで中学校において――これらの学校では、完璧に愛国精神……で貫かれた教育を受けます――学業を修めます……。士官学校へ進学すると、青年は四年間、特別に開発された最先端技術教育を修めます。彼は格別に、また何よりもまず、ピンからキリまでそれによって余す所なく貫かれることが義務付けられる、武士道《ブシド》の法典《コデクス》(67)によって鍛錬されます……。武士道は「戦士の精神」と翻訳されています……。それは信仰であり、天からの使者で、国家の総体をその中に具現し、またそれをも象徴する、天皇という人物に対する崇拝であります。天皇崇拝は、国の最古の諸伝統の中で、また古代における最も秀でた武人たちの心の中でも育まれてきました。それには、ただ新しい名前が与えられただけでして、日本人ならば誰一人として侵犯することも、また背くこともできぬ、「正しい道徳の法典」へと変革されました。この法典は、生活の簡素さや、精神的知覚の簡素さへの回帰を命じ、完璧なる滅私、金銭への嫌悪、そして、もし天皇家と祖国にとって必要であれば、自らの生命を犠牲にすることも厭わぬ覚悟を指示しています……」

――でも、金銭への嫌悪は、お馬鹿さん用の規定だ。一九二九年に収賄の廉で裁判にかけられたのはほかでもない、朝鮮総督の山梨半造《ヤマナシホンゾ》大将その人だったもの。

――野間宏もやはり件の小説で同じことを述べている。「経理室、倉庫の各中隊にたいするにらみはよくきき、……。そして下瀬中尉の名もまた部隊のすみずみまで行きわたった。……。下瀬中尉は［大軌《だいき》沿線に］かなり大きな家を新築していた。……。ところがそこへは既に御用商人たちが出入りしていて家具や什器やその他薪、炭、野菜いろんなものを公然とはこびこんでいた……。彼等［下瀬中尉と中堀中尉］は部隊長宅に、米、薪、炭、肉類、調味料、あらゆる物品をはこびこんだ[68]」

しかし、このへんで止めておこう。法典の中で不審の念を抱かせるのは、例えば「精神的知覚の簡素さ」という語句だ。この裏には何が隠されているのだろうか。

――学校では十二月に「教育勅語の日」の行事があった。式典が挙行される際の荘厳、神聖、そして戦慄は、「国法や政令を常に遵守し、一旦緩急あれば天皇とその御一族に自らの生命を捧げることを幸福と見做し、御一統に対する没我的忠誠を立証すること……」という、勅語の主旨を全員に吹き込むのに有益だった。ほとんどすべてが武士道法典と符合する事実を、ここでは指摘しておきたい。ところで、精神的知覚の簡素さとは、吹き込まれるものの核心を吸収することである。私は、学校のラジオを通して行進曲が流れていた様子を、不分明ながらも確かに記憶している。既に大分あとになって、それら行進曲の一つについて、歌詞を発見した。

一億の民よ
進め　進め！
日いづる国の
桜咲く国の
不敗の軍とともに

（66）Andrée Viollis, *Le Japon et son empire.* Paris : Bernhard Grasset. (1933)
（67）「軍人勅諭」を指すものと忖度される。
（68）野間宏『真空地帯』（上）第三章、一七五～七六頁、岩波文庫、一九六一

勝利をめざし　全力を捧げよう！
最後の決戦　前方にあり！

最後の数行には、知覚さるべきものがまさに内蔵されている。もし決戦が前方にあるとしたら、「知覚で把捉さるべきは」決戦に備えよ、命を捧げる覚悟を固めよ、敵を殺すべく準備せよ、である。(69)

——四五年夏、日本の国会は、ある決議を採択した。同決議によれば、十五歳から六十歳までの男子と、十七歳から四十歳までの女子は、軍隊に召集することが可能となった。政府は「国民義勇隊」の規模として二千八百万人までを想定していた。瑞穂村民の半数がこの枠に該当したことは、完璧に論理的な帰結だ。

——現実の軍事的敵には、村の予備役将兵とても到底歯が立たぬとはいえ、朝鮮人を殺し、そのことを通して、また祖国にも裨益《ひえき》し、神経の緊張を多少とも和らげることは可能であった……。その後、私が既に成人してからのことであるが、私たちは、それらすこぶる不安に満ちた日々を思い出すことも珍しくなかった。その頃もやはりラジオで伝達されたが、公務に携わる人たちは「工場や労働班で働く者も、大東亜共栄圏の樹立をめざす聖戦の参加者である」、「日本人は各自が民族と命運をともにし、最後まで戦うべきである！」、「よし日本が敗れるとも、降伏はせぬであろう。最後の日本人まで、戦争は継続されるであろう！」と叱咤激励していた。「白雪の富士の高根を胸に秘めて、少女たちは祖国に生命を捧げます」と語る娘らの声は、感動的に響いた。未成年の村の若者とても、自分らの同輩者が一人残らず、空や陸での戦闘で突撃班に投入されているというのに、どうしてそこに、じっとしておられようか。

——日本の女流詩人・高良留《コラ》美子（こうら・るみこ）は当時十三歳だった。彼女はあの悲劇の年の印象を甦らせながら、作品を書き上げた。

われわれの国で　かれらは手を振って最後の飛行兵を送りだし

それから　帰るべきその母艦を沈めてしまう。
われわれの国で　かれらは旗を振って子供たちを田舎へ送り出し
それから　都市をその父母と一緒に焼きはらう。
われわれの国で　かれらは少年たちと固い握手を交わし
それから　かれらを死の特攻機に乗り組ませる。(70)

――そうだ、大本営は、青年によって支えられてきた。日本の軍部は、最枢要の戦略的戦線――人々の、何よりもまずは若者の意識――に自らの陣地を構築することに成功した。

――取り調べと法廷の視野に入った制裁の参加者のうち、四名が二十四歳から二十六歳、二名が十八歳、そしてさらに四名は、生まれてからわずか十七年の人生しか持てなかった。首謀者の森下泰夫は、目撃者の言によると、高々二十六歳ほどだったという。

ひょっとすると、これは、その――盲聾者たちをめぐる――詩作を本章の題辞として掲げておいた李滉《イ・ファン》が、ほとんど五百年前に、いみじくも語ったような状況であったのかも知れない。これらの若者たちは、並外れ

(69) この行進曲は、郷静子により「歌謡曲」と形容されて、「出せ一億の力／さくら咲く国／日の本の／無敵の軍の／前進に／歩調　あわせよ／一億　いざともに／御稜意の下　まっしぐら／臣道　ひとすじに／行こうぞ／さあ　これからだ」（郷静子『れくいえむ』七九頁、文藝春秋社、一九七三）と、全詞が引用されている。因みに、郷作品はロシア語訳が公刊されており（注75参照）、ムン・ジュンヒョンの語りとして紹介されてはいるものの、ガポネンコ氏はこのロシア語の歌詞を、郷作品の露訳版から借用されたのではないだろうか。

(70) 高良留美子「われわれの国で」（『高良留美子詩集』〔現代詩文庫43〕三二頁、思潮社、一九七一）。ただし、ロシア語原文では最後の行（傍線部分）が「人間魚雷艇の操縦桿を握らせた」となっており、ガポネンコ氏が参照したロシア語版がそのように翻訳されていたものと忖度される。

た聴力と見事な視力にも拘らず、彼らに吹き込まれたものや、見るべく与えられたもののほかは、何も見ず、何も聞くことがなかった……。

＊　＊　＊

証人・松山キヨシの尋問調書から

一八九二年、青森《アオモル》県弘前市にて出生、瑞穂村国民学校校長。

私が学校長として団長を務める若者組織「青年団《セイネンダン》」の規約に則り、軍事教練の指導者は細川博であった。細川博はすこぶる気難しくて、教え子に対する厳しさが際立っていた。細川の助っ人としては、下士官の森下泰夫も時折り参加していたが、森下は正規の職員ではなかった。「青年団」の掲げた目標は、若い日本人らの天皇に対する忠誠心の涵養、青年の総合的知識の増進や身体的鍛錬にある。「青年団」は概して、青年に向けて徴兵前の軍事教練を行った。若い人々のうちで十六歳から二十歳までの男子、並びに十四歳から二十四歳までの女子は、全員が強制的に「青年団」の団員であったものの、「青年団」活動への参加は強制でなかった……。「青年団」に関する規定によると、軍事教練の担当教師は他の教師らよりも格が上とされている。

一九四六年八月十三日の橋本澄吉被告に対する尋問調書から

「青年団」への加入は、尋常高等小学校を卒業した者にとっては強制的だった。この点に関しては、豊原連隊軍管区の軍事当局者から特別な通達があり、それに対する不履行は処罰の対象となった……。必要の場合は帝国陸軍の隊列に馳せ参ずべく、われらは訓練を受けていた。

第13章　苦難の枷

今日から　お前らは
日本の野の鵟鳥だぞ……
安堵して　休むがよい[71]

（小林）一茶

一九四六年七月十六日、瑞穂村では多くの人が震撼させられた。細川兄弟、清輔大助、千葉正志、角田東次郎、永井幸太郎、中途忠雄、橋本澄吉が逮捕されたからだ。

三日後、将校らの大委員会が、数名の自動小銃を装備した警備兵を引き連れて乗り込んできた。村長が呼びつけられ、数名の立会人の出頭を手配するよう命じられた。日本人ら自身には、昨年に埋めた諸遺体の掘り起こしが強制された。栗山吉左衛門宅では、まさにその野菜畑で彼の息子たちが掘っていた。彼自身は、まるでもはや不要であるかのように野菜を踏み付けながら無我夢中で歩き回るも、殺された朝鮮人の遺骸が彼の土地に埋められている理由は、何としても説明することができなかった。

翌日、委員会は別の場所での発掘を、翌々日にはさらに第三、第四の場所での発掘も命じた。その都度、新しい立会人たちがやって来た。彼らは丸一年だんまりを決め込んで、何も知らない振りをし続けたが、今

(71) 元歌は、一茶の発句「我庵に　だまつて泊れ　夜の雉」であろう。

や憮然として頭を振り「ヨク！　ヨク！　プローホ！」[72]と繰り返した。

中傷や憶測が聞かれなくなる間もなく、八月二日には逮捕劇の第二幕が上演され、さらに八名が連行された。八月八日に鈴木政義の検挙、翌九日には柏原壬子が連行される。

取り調べは、九月九日に起訴状が作製され、九月二十六日十一時には軍事法廷において非公開審理が開始されるという段取りで進捗した。法廷審理は、公正であったか否かは別にして、ともかく迅速だった。九月二十七日にずれ込んだ午前零時半、被告たちには判決文が朗読された（判決文は一件資料を纏めた「００１１６号事件簿」に綴じ込まれている）。七名には最高刑――銃殺――が宣告され、その他の被告には矯正・労働収容所における十年の自由剥奪が確定する。十一名の被告全員に同一の量刑である。殺害を実行した者にも、また現場にいて「朝鮮人が逃げるぞ！　朝鮮人を逃がすな！」と叫んだだけの者にも……。

判決は、上告の想定されぬ最終的なものだったが、死刑宣告を受けた者だけは、特赦を願い出ることができた。訴状が提出された。事件簿には、一九四六年十二月三十日付のソ連邦最高会議幹部会 No.108/44cc 会議議事録からの抜粋が見出される。裁決の内容は次の通り。

細川博、清輔大助、栗栖昇、千葉正志、細川武、千葉茂一、永井幸太郎に対する最高刑の適用に関する判決は、効力を持ちつづけるものとする。

彼らは一九四七年二月二十六日、ヴラヂヴォストクにおいて刑が執行された。

彼らの内には、明らかに、森下泰夫も加えてしかるべきであろう。証人陳述の中では、子供らの殺害後、森下は軍服に着替え軍刀を佩帯《はいたい》した上で、避難民集団とともに豊栄方面へ出発したことが、わずかに触れられている。そこで、彼はどうやら、留多加方面から進撃してきた軍人らと悶着を起こし、武装解除を拒んだため拘束・銃殺されたらしい。われわれはこの情報を肯定も否定もできない。これほどの人物に対する調査は、文書記録からも明らかなように、おざなりで済まされるはずはなかった。彼に絡む諸情報は、あえて言えば、何らかの別な筋に差し押さえられたのではないか。

この名簿には、さらに二名を追加しよう。事件簿には「病院にて加療中の角田東次郎（一九〇九年生まれ）は一九四八年八月二十八日、肺結核で死亡」したと伝える記録が見出される。別の文書には一九四九年一月五日付で、クラスノヤルスクのラーゲリにおける柏原壬子の死が報告されている。

要するに、犯した罪に対しては、当時の人口に膾炙《かいしゃ》していた慣用句に従えば、殺人者は当然の報いを受け、法によって厳正に措置されたのだ。ドラマの終幕は完了する。悪は罰せられ、正義が勝利を収めた。

しかるに、この大団円には重苦しい鉛のような後味が残る。瑞穂には殺害された人たちの悲劇のみならず、殺害者らの悲劇もあるからだ。殺人者の手には諸刃の剣が握られ、一方の刃は犠牲者を倒すも、他方の刃では、殺害者自身もさることながら、彼の子供や孫たちまでも傷を負う。千葉正志にはどこかに子供らが、今では孫たちも生きているであろう。彼らの父親や祖父の手がかつて、何の咎もない人たちの鮮血で染まり、また彼らの兄弟や叔父たちも成人を迎えたばかりで処刑されたという意識は、彼らを苦しめずに措かぬのではなかろうか。角田東次郎は七十歳の母親や、妻と五人の子供を、誰に託したのだろうか。一番上の娘がわずか十三歳で、一番下の息子は一歳だった。大人になったら、父親について尋ねるだろう。

——シベリアで亡くなったって。それは一体、どこにあって、どうしてそこへ行ったの。

永井幸太郎の妻は、二十五歳で寡婦になった。

三船悦郎の父親は、彼が殺人に踏み出さぬようどれほど口説いたことか。彼は妻と六人の子供を残して、

(72) 日本人立会人による日露両語の相半ばする発話として、引用符付きで記されている。おそらくは、「よく（も）、よく（も）、（こんなに）ひどいことを」ほどの意味内容であったろう。

足を踏み出してしまい、自らの帰宅を十年も待つように強いた……。

復讐が遂げられて、当然の罰が殺害者を襲い、子供らは自分の親たちの責任を問うという構図は、何となく論理的なようでもある。しかし、話がちょうど復讐に及んだところで、井上清・小此木真三郎・鈴木正四《ショシ》（まさし）の共著書『現代日本の歴史』からの抜粋に登場を願おう。

あのアメリカの非人道きわまる無差別爆撃、住宅も病院も学校もようしゃされなかった。東京大阪などの大都市の町々は家屋の五割も焼野原にされてしまった。軍事施設の一つもない中小都市で、市の九割以上焼きはらわれたものさえある。このざんこくな爆撃で焼かれたり、建物疎開でこわされたりした住宅は、二九八万戸におよび……、……。四五年三月十日の東京東部地区の夜間大空襲で殺されたもののみで十万人をこえた。道路という道路をふさぎ、すみだ川をいっぱいにしたあの焼死体を見た人は、それを永久にわすれることができない(73)。

では広島は。また長崎は。両都市で亡くなったのは、果たして悪の権化だけだったのだろうか。復讐が襲いかかったのは、子供、女、老人、労働者、会社員、教師、医師、調理師など——彼らは何の罰を受けねばならなかったのか——のように、咎を負うべき人たちでは全くなかった。彼らは果たして、航空母艦を真珠湾へ派遣しただろうか。彼らの痛みや、血や、涙や、精神的苦痛は果たして、誰かの悩みを和らげただろうか。今は自らの涙の味を実感させるべきであろうか。われわれや、ロシア、ウクライナ、ベラルーシの母親たちが涙を流して苦しんだように、ドイツの子供や母たちにもまた泣いてもらうべきなのか。血には血を、死には死を、われらの子らにはあなたの子らをもって贖《あがな》わせるべきであろうか。太平洋戦争では三百十五万の日本人が落命しているが、彼らの一人ひとりに果たして、戦争犯罪人の烙印が押せるだろうか。

しかしながら、犠牲者はまだすべてではない。戦後のミクロネシアで裁判が行われて、米軍は戦争犯罪人らを裁いた。一九四九年三月三十一日、ウエムラ軍医は米国軍事法廷の裁決により、絞首刑に処せられた。彼は捕虜の米兵を殺害した［廉で告発されていた］。家では妻と五人の子供が彼の帰りを待っていた。彼は処刑を前にして、妻には文を残し、五人の子らへは詩を綴った。手紙の行間を読もうではないか。

ヨシエ、僕はお前を熱烈に愛する、年老いた母を熱烈に愛する、僕らの子供たちを熱烈に愛する。ヨシエ、お前は長年にわたり、僕にとって優しい妻、賢明な母であり、僕のためにすこぶる尽くしてくれた！　時が経てば、僕も、僕らの五人の子らへ「お前たちの父は、部下の責任を負って、死を受け入れた」と微笑みながら言える日が、きっと来るであろう。

手紙からは、素晴らしい息子・夫・父、全く非の打ちどころのない人間の姿が浮かび上がる。しかるに、この非の打ちどころのない人間――私はこの点を寸毫《すんごう》疑わぬから、これらの語は括弧に入れない――が、包囲された守備隊にとって重荷となった捕虜の米兵らの殺害に関与したのだ。よし命令によって行ったのだとしても、殺害した事実は残る！　ウエムラは自らの罪を認めて絞首台へと向かった。これら諸々のことにも拘らず再び問いたい、善玉と悪玉、非の打ちどころのなさと非人間性は、果たして両立したのであろうか、と。

一九四三年の初夏、ドイツ軍飛行士のハンスが私らの家宅《ハタ》を訪ねてきたときのことを、私はよく覚えている。何が彼をわが家族と結びつけたのか、私は承知しない。だが、彼は時折りわが家に姿を見せて自分のことを語り、内ポケットから、一人の女と少女二人を撮影した写真を取り出して、見せてくれた。少女らは天使を彷彿とさせ、そのようなものがこの世に実在することさえ、なかなか信じ難かった。

---

(73) 井上清・小此木真三郎・鈴木正四『現代日本の歴史』（上）二〇五頁、青木書店、一九五三

このとき、飛行士は冴えぬ顔で、口数も少なめだった。母が彼に問いかける。

――どうしたのよ、ハンス。随分と、お見限りだったこと。

――爆撃のため飛んでましたよ、おっかさん。あんたらの仲間に撃墜されて、長いこと野戦病院に入院してたんです。

そして彼は、ロシア語をドイツ語に混ぜながら、飛行機が炎上する様や、炎と煙の中でどのようにして操縦席から脱出したか、また血塗れとなった様子なども語りだした。われらがママは四一年の夏にはゲシュタポ隊員によってその夫――つまり私の父――が逮捕され、彼女の息子――私の兄――はどこかで戦闘中、それに彼女の女婿たちもまた出征中であって、彼らが果たして全員無事であるかどうかすら、私らは承知していなかった。しかるに、そのわれらがママは論評する。

――殺されなかっただけでも、よかったよ。

こうして私らはハンスを憐れむこともあり、彼がわれらの敵であるなどとは、想像だにできなかった。母はハンスにややこしい問題を訊ねる。

――お前、なぜ飛ぶのさ。飛ばなきゃいいのに。お仲間も飛ばないかも、もうひと方もおそらく……、そうすりゃ、戦争はなくなるのにね。

――それはできません、おっかさん。飛ばされるんです。

――それじゃ、もし飛んでも、爆弾は、何もない野っ原に落としたらどう。

――飛ぶのは僕一人じゃありません。爆撃命中率を上げないと、銃殺されかねません。

この対話は、後知恵で着想されたのではない。却って、占領下で生活する者なら誰にでも、類例はいくらでも思い出すことが可能だ。当時の私たちにとって、大きな秘密だった――その多くは今の私にとっても依然不可解であるが——のは、争い事を望まぬ者がお決まりのように、戦場へ赴き、そこで殺人を強いられ、しかも殺し屋のプロになることだった。ハンスやウエムラが、それぞれは別途に善人でありながらも、戦争の渦に巻き込まれるや、他の人たちとともに殺人者や犯罪者と化すような事態は、なぜ起こるのであろうか。われわれからはむしろ拍手喝采を浴びる統治者が、われわれを苦難の運命に陥れるのだ。彼らは当初、国民の目が届かぬ所でこっそり準備するが、のちには戦争のメカニズムを始動させる。このメカニズムはさらに、総動員、刃向う者らの銃殺、乏しい配給割当て、自他を問わぬ諸国民の収奪、に関する法律の採択を強いるのだ。リェフ・トルストイは『戦争と平和』のなかで、いみじくも記している。

……戦争が始まった。つまり人間の理性と、人間のすべての本性に反する事件が生じたのである。幾百万の人々は、幾世紀にわたる全世界の裁判記録もそれほど多数の犯行を列挙し得ないほど、互に無数の悪逆と欺瞞《ぎまん》と謀叛と窃盗と、贋造紙幣の発行と掠奪と、放火と殺戮を犯し合ったが、当時そうした振舞いをした人々は別にそれを犯罪と思っていなかったのである。(74)

戦争の論理は、イデオロギー的諸手段の蓄えを総動員し、歌や詩では英雄たちを褒めたたえ、臆病者らに恥辱の烙印を押し、各自には自らの義務の履行を要求する。

われわれはあまりにも素朴に、あそこ、つまり上層部に坐して号令をかけているのは、ほかならぬわれらがどのように生きるべきかを知る人たちだ、と考えてはいないだろうか。

船が転覆して初めて、われわれには苦い絶望が訪れる。戦争を画策する人たちには、彼らが戦場へ送り出す人たちよりも、図り知れぬほどより大量の人間的欠陥や打算的目論見が宿されていることが、判明してい

(74) トルストイ、北御門二郎訳『戦争と平和』(中)第九編、二四二頁、東海大学出版会、一九八一

る。

日本の女流作家・郷静子《ゴ・スツキ》（ごう・しずこ）の短編小説『れくいえむ』に登場する一人の人物は、以下のように論じている。

……戦争というものは、個々の民衆にとっては嵐みたいなものだと考えているのですよ。自分たちの意思とは関わりなくやってきて、その生活を根こそぎつき崩し、ある日、不意に過ぎて行ってしまうのです。戦争を支え、戦争を遂行するのは我々一人一人の国民なのに、戦争を始めたり終らせるのは我々ではない。(75)

ごく普通の人々には希望と涙が残る。私たちは戦争の間ずっと父を待ち続け、母が地区中心地に呼び出されて、父親は四一年十月にゲシュタポ隊員により銃殺されたと公式に告げられたあとですら、待つことはやめなかった。私らと同様に、何百万というわれわれの寡婦や孤児たちも待ち続けた。それぞれの家では、ハンスやウエムラも待たれていた。

日本の古い挽歌は、それをこう表現する。

父も　母も
妻も　また子らも　あちらにて
帰来するを　鶴首する
遠くをば　執拗に見詰めつつ……
そこにあるは　まさしくそなた
人々の悲しみ！

鈴木秀夫の家族では、とどのつまり、この悲しみが癒された。ソ連邦最高裁判所軍事法廷は一九五三年六月十五日、刑期満了以前に彼を「刑の執行から」解放することを決定した。十一月二十七日、彼は釈放され、十二月四日にはナホトカを出発して日本へ向かう。一九五五年四月、橋本澄吉は祖国へ向けて旅立った。同年末、久しく待ち続けた大家族の許へ栗山吉左衛門が帰国する。一九五六年三月初め、途中忠雄が本国帰還を遂げる。裁判の結審後十年を経て、近親者たちは三船悦郎と、自宅で顔を合わせた。

だがどこかでは、相変わらず待ち続け、泣き続ける人たちもいる。朝鮮人の女たちや、日本人の女たちや、ドイツ人の女たちや、ロシア人の女たちや、そして子供らが、一様に涙に暮れている。非業の死を遂げるか、刑死した人たちは彼らに、自らの傷や罪ゆえの痛みを残した。

　人生の旅路は　束の間なれど
　苦悩の枷は　永遠なり

観《カン》阿《ナ》弥《ミ》清次はかつて、そう語っていた。

（75）郷静子『れくいえむ』一七六頁、文藝春秋社、一九七三。ただし、ロシア語の原文では作家の名が「スヅキ・ゴ（Судзуки Го）」と記されている。ガポネンコ氏が参照したのは、おそらく、キム・レホが編纂した現代日本文学の短編小説集に所載のロシア語訳（Сидзуко Го, "Реквиум (перевод Б. Раскина)," в : К. Рехо (ред.), *Современная японская повесть*, стр. 173-248. Москва : Прогресс, 1980）であろう。

大団円

跋文に代えて

わが亡きあと
この世に何を残すべきや
春は花
夏は郭公の声
秋は紅楓

良寛㊻

事態がすこぶる順調に推移したから、必要なことは五月十二日までにすべて整えられた。悲劇の場所に記念標識を、また、ゆくゆくはおそらく記念碑までも建てるという存念は、久しく存在した。設置の場所は、居住地点からほど遠からぬ道路のほとり、人の目につきやすい所とも決められていた。

残る課題は場所の選定だけとなり、われわれは、ミハイル・フョドロヴィチ・ルィバチュウクに助言を求めた。彼はためらうことなく、意中の場所を告げた。

——それは、この辺りじゃ最もうってつけの所さ。

十分後、私たちは、オクゥロフカ川に架かる橋の手前の小丘を登りつめて、その頂上に立った。丘は、西海岸と州都を結ぶ街道へ向けて急激に落ち込んでいた。オクゥロフカ川寄りの右手には橋へ通じる道があり、左手の、かつて学校が立地した所の高峻な落葉松林の脇を、今ひとつの道路が走っていた。丘からは、排水溝によって整然と区画されたリュウトガ川の谷間や、かつては浦島の集落が所在した幾つかの渓谷を形成する山並みが見渡せた。

ルィバチュウクは助言する。

――ここで必要なのは、設計図を引くことだけさ。小さな藪は取り払い、多分、良質土壌を埴土して植樹する、とかね。

これは、その場で即決した。

設計図は「チャプラノフスキー国営農場」のキム・ムンガク技師の尽力で完成し、土壌の問題では農業技師長の部屋を訪ねた。アレクサンドル・ヴァシリイェヴィチ・イサコフ技師長は馬鈴薯栽培担当者らと、開始されたばかりの春季キャンペーンについて会議中だったが、私に最後まで言わせずに会議を中断して、われわれの陳情に耳を傾けた。

――直ちにピョートル・ガヴリロヴィチがお届けします。

ピョートル・ゴルバチュウクは、一体どちらまで、とだけ念を押した。

私は紙切れに略図を記そうとしたが、彼は押しとどめた。

――場所はよく承知してます。

実際、渓谷であれ、山腹であれ、ポジャルスコエ近くの丘であれ、ピョートル・ガヴリロヴィチ（ゴルバチュウク）の熟知せぬような所は、これぽっちもない。何しろ、その土地で育ち、二十年以上も農場に勤続

---

(76) 元歌は、良寛（一七五八～一八三一）の長歌「形見とて／何かのこさむ／春は花／山ほととぎす／秋はもみぢば」であろう。

してきたのだから。

「ストリーシュ」協会の委嘱にもとづき、労賃はこちらで負担します、と私は言明する。イサコフ技師長は何の気取りもなく、さっと手を払った。

――労賃なんて滅相もない。尊いお仕事ですから。

記念標識の設置には一トンの砂利が必要であったが、再度すべては即決された。飼料生産班は予定地に鉱物肥料を散布してくれた。肥料工場の脇では、道路工事作業員らが屯する辺りでアスファルト工場が稼働していた。まさしくそこには砂利の山が聳えている。二人の労働者が何かの作業に携わっていた。私は自己紹介を済ませると、用件を切りだす。労働者の一人は、歩きながら襤褸切れで手を拭いつつ、私を土砂の大堆積場まで案内した。

――あなたのラジオ講演を聴きました。こちらからどうぞお持ちください。ここの砂は上質ですよ。

十五分後、機械保守要員のアレクサンドル・イリイェンコフは、野外作業の巡回コースから外れて、砂利を運んでくれた。

まだ、苗木を掘り起こして運搬するという、最も重要な課題が残っていた。私は、「ピャチレチェンスキー国営農場」の運転手であるグヴォン・ポンヒョンの許へ赴いた。彼は私の古い教え子で、実直かつ誠実な人間である。ボーリャ――集落では彼をそう呼んでいる――は比較的最近、私の隣人になった。国営農場は、私のアパートの道路越し斜向《はすむ》かいにあった空き部屋を、彼に割り当てたからだ。このアパートは本格的な修理が必要だったから、若い細君や息子とともに入居する前に、ボーリャは補修作業の大作戦をおっぱじめた。夕刻にちょっと覗いてみて驚いた《バーチュシュキ》。床板が所々剝がされ、暖房装置は分解され、炊事用のかまどもすっかり解体されている。屋根裏から飛び降りてきたボーリャは、今ひとつの結論を口にする。

――屋根裏の天井も一カ所が腐っとるから、交換せねばならん。

私はそこの全景と、かつてシャベルが一度も当てられた形跡のない空虚な菜園を、隈なく見て廻ったあと、家路に就こうとした。が、主人はいきなり私に向かって、訪問の目的を述べるよう要求した。聴き終えるや、ボーリャは溜息を吐き、後頭部を掻きむしり、念押しに尋ねる。

――お宅へ、いつ伺うんでしたっけ。

朝七時半、グヴォン・ポンヒョンは、わが家の木戸口でブレーキをかけ、車を停めた……。

指定された［五月十二日に向けて、チャプラノフスカヤ中学校教師のゲンリフ・イェノヴィチ・ツァイは必要な数のスコップを整え、ピャチレチエの教師カン・チャングゥは数台の担架を調達し、ユ・デンハンは先住朝鮮人たちに連絡して招集をかけ、国営農場のバス運転手セオ・チェンデクは［五月十二日］、彼らを乗せて［式典会場に］到着した。

ユジノ・サハリンスクからは特別仕立てのバスで、「ストリーシュ」協会の職員やジャーナリストたちが到着した。サハリン州のユ・エヌ・ミシュウタ副知事も、時間を繰り合わせて駆けつけた。

われわれは、公式な部分があまり幅をきかさぬよう予め申し合わせていたから、用意した原稿を読み上げるような、長ったらしい演説なしで済ませられた。短いながらも心のこもった演説が感銘を与えた。その後、参加者は思い思いに、ある者は担架を持ち、ある者はスコップを携えて、植樹作業に着手した。作業はたっぷり三十分間、老人や若者らから、公職にある人や主婦に至るまで、すべての参加者の心を一つにした。

この日に、共同作業は参加者に至福のときを与えるという、ロシアの農民共同体《ミール》さながらに古めかしい思念が脳裏に去来したのは、おそらく私一人だけではなかったろう。ウクライナ人、朝鮮人、ロシア人、日本のテレビ会社ＮＨＫ《エン・エイチ・ケイ》を代表する日本人など、われわれは互いに助け合いながら、全員で植樹に励んだ。今やこの道端の丘は、われわれを末長く一つに結びつけたのだ。

私は本章の執筆にあたり、韓国・日本・中国・ロシアの政治指導者らの声明や、上記諸国の議会の調停宣言や、高級官僚らの訪問をめぐる新聞報道や雑誌記事を精査しようとした。しかるに、私が政治的・外交的混迷を掘り下げて分析し、分析の篩《ふるい》を駆使して議事録風の言説をまき散らす新聞記者たちの、さまざまな発言や小記事を対比・秤量《ひょうりょう》する間に、現実はすべての関係者らをそれなりに仕分けしていった。自ら引退を選択するリーダーがある一方で、また諸国民の意思で罷免されたリーダーもあり、議会にあっても能弁家が目まぐるしく入れ替わり、表敬訪問の顔ぶれが交替し、新たな覚書や協定が作成されていった。そして私は、自分が政治の世界における諸潮流や、動揺・執着・同情・反感の追究などにうつつを抜かすべきではないことを了解した。

ごく普通の人々――漁師、木材伐採者、炭鉱夫、運輸労働者、農業従事者、商人、教育者――が民間外交を推進する中で、巨大な事業を繰り広げている水準に視線を向けることの方が、おそらく、より堅実であろう。自分の友人や知人に限っても、中国・日本・韓国に滞在して、そこで実務的関係と個人的関係の双方を取り結び、知人・親族・友人をも見出したことのある、きわめて多彩な職業の人たちを何十人も知っている。地球市民の群衆の中では人間たちが蟻方式で、万民の「世界の家」のために建設資材を獲得し、運搬している。彼らは前人未踏のタイガに林道を切り拓き、小径や道路を敷設し、橋梁や小橋を設営している。極東地域で相互協力と共存をめぐって展開される、諸国民の建設的な動きは、表敬訪問に携わる訪問者らの努力よりも重要である。この動きは政局の変動に影響されず、相互的利益により多くの注意を払っているからだ。

私の隣人たちには、ピャチレチエの孤独老人をソウル郊外の老人ホームに落ち着かせる尽力の方が、モスクワの役人たちが定例のように赴く韓国旅行よりも、はるかに大きな成果として評価されよう。

われわれ全員にとって重要であるのは、偏見の霧が晴れて、以下のような重要なものがくっきりと見えてきたという情況である。即ち、武力的対峙はもはや許容されぬこと、そして自然発生的矛盾の戦争による解決は、戦勝国にも、また敗戦国にも、幸せをもたらさなかったこと、の二つである。なぜならば、人間はこの戦争の中で、大戦略や流血戦線の泥濘にすっぽり埋没してしまうような、芥子粒《けし》のような存在でしかないことが判明したからだ。巨大な人的損失をめぐって、統計学者らがあまりにも多くの数字を弄ぶようになった結果、われわれの脳や神経系は著しく鈍化してしまった。おそらくそのためであろうか、ある人は幾分かの当惑と忌々しさをこめて、以下のように語る。

——わずか二十七名のために一冊の書籍を企画する価値があるだろうか。数百万人が非業の死を遂げている。そのような民族的悲劇を背景に据えるならば、瑞穂での殺害は一粒の砂に過ぎない……。

まあよい、旧ソ連の——捕虜として殺害され、銃殺され、非業の死を遂げた者、戦車や航空機、強制収容所の焼却炉の中で焼死した者、機雷に撃沈された船舶とともに溺死した者、犬によって嚙み殺された者、野戦病院のベッドで亡くなった者、血腥い戦闘の中で英雄死を遂げた者のすべてを併せた——二千七百万人が、人間的災難の海であることは、理性によってならば、なるほど理解は可能である。それに引きかえ、わが父の死は顕微鏡的尺度の微小さだ。加えて、彼には格別の英雄的武勲もないし、ゲシュタポ隊員が身柄を拘束したときに逃走しようとさえしなかった。既に六十歳前後だったから、ファシスト体制にとって何らかの脅威となる懼《おそ》れはありえなかった。だが、父は逮捕され、監獄にぶち込まれ、その後に銃殺された。ひょっとすると、彼が十月革命の参加者だったせいかも知れぬし、またスラヴ系諸民族の絶滅を画策したヒトラー計画の犠牲者だった、という余地もありえよう。

だからして、数百万人の犠牲者に言及されるとき、私は何よりもまず、この――わが父の――「微小性」を想起する。私自身が当時の父の年齢に達した今もなお、彼がライフルの銃口を突き付けられたときは、末っ子だった私のことをきっと思ったに違いないと、心に秘めた痛みを覚えつつ私は考えるのだ。父はしばしば周囲の人へ、私の頭を撫でながらこう言っていた。

――丈夫に育てよ、しっかり学ぶのだ、そうすれば死んでもよいぞ……。

それにしても思い出されるのが、斬殺されたイヴァン・ステパノヴィチおじさん、自分の家宅《ハタ》で焼死したマトリョナおばさん、砲兵大尉の肩書で非業の死を遂げた同姓の隣人セルゲイの三人だ。いまだ戦前の解氷期のことだったが、だぶだぶの古外套のせいで、崩れ落ちる氷塊の間にわずか一分ほど閉じ込められた私を、セルゲイは救出してくれた。

このことであえて私を咎める人が、誰かいるだろうか。

先の戦争では、誰彼を問わず、非業の死を遂げた父親か兄弟あるいは息子が必ずおり、それぞれはまた自前の悩みや自前の苦しみも抱えている。瑞穂で殺された人たちも、誰かにとってはやはり近親者ではなかったか。試しに、他人の痛みをわが身に引き受けてみようではないか。そうすれば、悲しい犠牲者を数えるときに、どの数字から始めるべきか、などという愚問を提起する者は、どこにもいなくなるであろう。

私は望みたい。ほかならぬ当地、旧瑞穂村において、朝鮮人であれ、日本人であれ、またロシアの農民であれ、教師であれ、役者であれ、商人であれ、挙ってこの殺人事件に震撼されんことを、そしてまた――誰がどの国に暮らすかに拘らず、破壊ではなく建設の中で、一人残らず救われるべきであるという――一つの存念も確認されんことを。

そこで五月十二日、われわれは記念碑の建立計画を確定した。碑(77)の周りには、朝鮮の松、日本の桜、ロシアの白樺――三国民がそれぞれに愛おしく思う三樹種――を一本ずつ植樹することとなる。春は桜が咲き、夏には白い幹の白樺がひときわ美しく、松は永遠に緑を保つがよい。

本書は、中世朝鮮の卓越した学者にして詩人の成三問《ソンサンムン》(78)の詞章で、締め括りたい。

死してのち　何になるか
　と　問わるならば
蓬萊山《ペンライ》第一峰の頂にて
　落々長松とならん
世の中が雪の下で　息絶えるとも
　われひとり　青々たらん

一九九二年

(77) ガポネンコ氏からの来信によると、一九九二年五月十二日に設置された「仮の記念碑」に代えて、一九九六年には「新しい碑」がサハリン在住朝鮮人によって建立されたとのこと（口絵写真参照）。おそらく、松・桜・白樺の植樹も行われたであろう。

(78) 成三問（一四一八～五六）、李朝朝鮮の学者。世祖が甥の端宗を廃位させ、自ら襲位を企てたとき、それを諌めて殺された「死六臣」の一人。詞章の原作者と邦訳に関しては、恩師の李杜鉉・前ソウル大学教授よりご教示を賜った。

【補遺】
心に刻まれた文字(79)

サハリンにおけるロシア人と日本人の共生（一九四五～四八）

寄せ来る波は
砂に刻まれた文字を消して
さっと海へ退く
癒し難い痛みで疼く心に刻まれた
悲しみの文字は
誰かこれを消し去らむ

吉井勇（一八八六～一九六〇）

一九四五年九月二日、日本政府は無条件降伏の布告に署名した。南サハリンとクリル諸島の統治権はソ連邦へ移譲された。勝利とは、難しい荷物の背負い込みにほかならない。勝利者が自らに引き受けるべきは、解放された領土や生産施設の保全、日本人非戦闘員の生命と健康、また、ソ連政府の設定する諸規範に照らして保障さるべき捕虜の生命と健康に対する責任であった。この点で極東第二戦線司令部と南サハリン民政

(79) 本稿の原題は Константин Гапоненко, "Письмена на сердце" (2011) である。副題は訳者が加筆した。「訳者あとがき」にも記したとおり、本稿はガポネンコ氏が構想中である「大部の著作」の第一章として、昨年の大晦日に訳者の許へ送付されたが、二月十二日付電子メールによると、『瑞穂村の悲劇』改訂版に補遺章としての収録を決断されたとのことである。したがって、本訳書は、体裁をやや異にするとはいえ、原著の増補改訂版を先取りする形となる。土壇場になって採録を判断された崔吉城氏には、この場を借りて感謝申し上げる次第である。

局は膨大な仕事を成し遂げ、なかんずく日本人に対する暴力行為の企てに対しては、厳しい措置を定めてこれを防止すべく努めた。日本人住民は本国への帰還が決定していたから、ソ連市民に対しては新しい土地への移住入植が呼び掛けられた。数万人の応募入植者や自発的移住者が南サハリンにやって来る。旧住民が未だ立ち退かぬうちに、新住民が到来したから、両者は一年以上にわたって、互いに隣人として暮らし、助け合うことが求められるという、きわめて興味深い歴史的実験が出来する。

日常生活で展開された外交

かつて、わが国の「平和［友好］の船」が南の隣国を訪ねることがしばしばあった。私もかつて、そのような旅の物語を耳にしたことがある。サハリン人たちは、微笑、花束、握手、歓迎の挨拶やご馳走攻めに遇って、手厚くもてなされた。

ホストたちは、客人の予期せぬようなプレゼントも用意した。熟年の日本人女性が数名、風変わりな記念品を携えて進み出る。これらの赤いネッカチーフで頭を結んだ女性たちは、賞状を広げる。普通紙に印刷された賞状で唯一の装飾は、国旗で縁どられたスターリンの肖像である。日本人女性らは、戦後初の五カ年計画が定めた生産課題の遂行をめぐる社会主義的競争で成功を収めた結果、授与されたものだと語る。日本国民である彼女らもまた、自らの個人的義務を期限前に完遂することを通して、ソ連の計画遂行へ応分の寄与を果たしたわけである。

彼女らは茶碗一杯のコメを求めて働きに来たのだが、集会の席で、これら賞状やネッカチーフや賞金までも手渡されたときは仰天する。幹部連のこのような措置は、彼女らを喜ばせるとともに、また怯えさせもした。自らの労働に対する高い評価は彼女らを喜ばせたものの、然るべき技量を欠くためそのような成功は収めなかった、ロシア人女性の同志の側から示されるかもしれぬ怒りには、不安も覚えたからだ。しかしすべては円満に推移し、勤労者同士の女性たちは、腹を立てるのではなくて親交を結び、剰え、お互いの家を訪ね合い、もてなし合い、一緒に歌う仲間ともなった。それ以来、彼女たちはネッカチーフと賞状を、波乱に満ちた青春の数年間を記憶する、最も貴重な象徴として大切に保存している。

サハリン人たちは当惑の笑みを浮かべつつ、熟年の日本人女性らの告白を静聴した。彼らは、その当時の出来事に関する限り、すこぶる朧気な理解を有するのみだったからだ。とはいえ、われらが島の地方史ではかつて、ソ連市民がかなり長期——半年から二年半——にわたって、日本人たちと隣り合って暮らすというユニークな情況が成立していたではないか。隣り合うという表現は比喩的な意味でなくて、文字通りに解すべきである。労働力募集制度に応募するか、移住者として来島した人々は、「先住者たちと」隣り合って入植するのみならず、空き住宅は皆無だったから、一つ屋根の下で暮らすことも珍しくなかった。村長は来島者を日本人家族の住宅へ案内し、一部の部屋を空けさせて、そこへ詰め込んでいった。日本人は大家族で、ソ連側の主人にも悪ガキが二、三人いたが、その先の関係構築は、人間の文化水準や、人間的共同生活規範の概念次第で千差万別だった。

日本人の視座に立つならば、われらの到来はむろん侵略にほかならぬ。しかし彼らは、自分らが間もなく住み慣れた土地を捨てて、本国へ引き揚げることを承知していた。そのような問題は最上層部で決められたことも理解していて、ロシア人には寛容と節度をもって接していた。

過半のソ連人らも同様に、面目を保っていた。日常生活や生産現場といった日常茶飯事にかかわり、それゆえにまたすこぶる瑣末なことから悶着も起こりうるような、最も複雑なレヴェルにおいて、われらと日本人の間には相互理解と善隣関係が樹立される。こうした関係構築に尽力したのは、外交官でもまた政治家でもなくて、漁師、農民、教師、鉄道員、森林伐採夫、炭鉱夫、製紙工場労働者、主婦らであった。彼らは格別の高踏的文体を弄することもなく、平凡な日常的散文によって、最も偉大な人間的記念碑に達する資格を備えた数頁を「執筆する」ことができた。半世紀間、秘められた敵意か、剥き出しの敵意が存続する中で、二つの潮流、二つのイデオロギー、二つの文化、二つの人種、二つの民族が三度にわたって激烈な軍事衝突を繰り返した。だが、ここ南サハリンではこれら二つの民族が、束の間とはいえ互いに触れ合って、独自の共同生活を然るべく構築できたのである。

日本人の行動は、サハリンへ配置されたソ連軍の物量に驚愕したものとして説明が可能である。力の行使で果たして、従順、服従、愛想笑い、深々としたお辞儀、はたまた奉仕の願望さえも克ち取ることは可能であろうか。だが大量の事実は、自然発生的人間愛の存在を裏付けている。愛想のよい元気男で通るヤブロチヌィ集落［旧蘭泊］の運転手は、初老の日本人女性が、瀕死状態の子供だった彼を全快に至るまで、どのように看病したかを語ってくれた。彼の両親らの回想によると、彼女は丸々二週間も彼の枕元から離れず、薬草や民間薬を駆使して治療を続け、もし彼が死亡した場合、両親の怒りを買うのみならず、当局の懲罰的制裁すら招く危険も顧みることがなかった。その奉仕は誰に頼まれたものでもなく、彼女は自発的に医師と夜間付添看護師の役を引き受け、村の女性准医師の無力と薬品の欠乏から絶望に陥った実母の代役も果たした。

日本人女性は、冷え切って衰弱した体をがっしり摑んだ死神の爪を、彼の体から引き剝がしたが、治療の謝礼を何らかの形で支払いたいという、遠慮がちな両親たちの申し入れは自分に対する侮辱と見做した。そこに人間性の善意を疑うことは果たして可能だろうか。

一九四六年三月一日現在、コルサコフスク地区には日本人一万四二五〇人、朝鮮人三千人、先住ロシア人一九七人、新規に来島したロシア人二六四人、ウクライナ人八七人、ベラルーシ人三一人、ユダヤ人一八人、チュヴァシュ人八人、モルドヴァ人八人、タタール人二〇人、ポーランド人九人、ラトヴィア人二人が在住していた。

（大泊〔コルサコフ〕市・民政署報告より）

一九四六年五月一日と九日には、日本人住民も参加して集会が行われた。日本人の労働者・知識人代表たちが発言し、彼らの発言は〔ロシア語に〕翻訳された。五月二日、ロシア人学校と日本人学校のすべてにおいて、早朝集会が開催された。日本人学校では懇談会が持たれて、懇談の内容は日本語に翻訳された。学童の演奏活動コンサートも挙行された。五月には、日本人演芸サークルの地区コンテストが催された。声楽部門で一位を占めたのは、サハリン商業機関従業員のナブハロ・トシダミ。本地区では、日本人による二つのコンサートも開かれた。

（真岡〔ホルムスク〕市・民政署政治部長代理の報告より）

二股《フトマタ》（ふたまた）村

若い頃の数年間、私はチャプラノヴォ集落（旧〔真岡支庁真岡郡清水村大字〕二股）で教師を務め、先住移住者の幾つかの家族を訪ねて、彼らの回想を記録した。その後も数十年間、彼らとは連絡を保ってきた。以下に所載の、そのような古記録が今日の読者の関心を喚起することを希望する。

オリガ・ヴァシリイエヴナ・スロイエヴァが家族とともに入村するのは、〔一九〕四六年夏のことであった。爾来、リュウトガ〔旧留多加〕川は大量の水をアニワ湾へ排出した。彼女は寡婦となり、子供たちは成人して、多くの孫たちをもうけた。彼女は、この地を離れることなく過ごした長い年月に体験したことのすべてを記憶するわけではないが、驚くほど明敏な頭脳、明晰な表現力、健全な判断力、愛想よい物腰に恵まれている。日本人らとの相互関係については、自ら進んで語ってくれた。

――彼らについて悪いことは何も言いませんが、嘘も申しませんよ。私たちは彼らと一年弱ともに過ごしたが、隣人同士として仲睦まじく暮らし、喧嘩することは一度もなかったわ。彼らは私たちに牛乳や馬鈴薯を届けてくれたし、砂糖すらも恵んでくれたよ。

――幾らで譲って貰ったのですか。

――覚えてないわ。私たちにもお足はなかったし、彼らもまたそうだったから、きっとタダで貰ったのよ。私らが継はぎだらけのズボンを穿き、何も持っていないのを見て、ただ気の毒と思ったのだろうね。言うなれば、彼らも質素な生活ながら、どことなく余裕のある暮らしだったさ。多くの物は自給自足だったし。甜菜を栽培しておられたが、すこぶる大量だったから、彼らの貯蔵庫には仰山積み上げてあった。甜菜は豊原の製糖工場へ納入し、その代わりにジョム［甜菜の絞り粕］と砂糖が提供されたものだ。ジョムとは何のことか、今のサハリンでは誰も知らんだろうて。きっと、そのような言葉を耳にすることもなかったからな。だが日本人らはそれを家畜の飼料に混ぜていたから、彼らの牝牛は仰山の乳を出したよ。ともかく彼らは家畜の面倒をよく見ていたな。干し草は大量に刈り、根菜類も潤沢に栽培、ライ麦・小麦・大麦も播種し、多くの土地を燕麦にも割いておられた。馬にも、豚にも、鶏にも餌はたっぷりだったさ。ほら、そこにはまた毛皮獣飼育場もあって、果樹園も品数が多いのさ。ある時、一つの果樹園が集団農場《コルホーズ》のものになったとき、私はそこで見張り番を務めた。そこでは林檎、李、桜の木々がすくすく育ち、木苺やグムニ［赤い実を結ぶ灌木性漿果の一種］も密生していた。シロバナヘビ苺に関する限り、あまりに仰山穫れ過ぎて、籠詰めにして町へ出荷するのが間に合わぬほどだったのよ。

――その果樹園はどこにありましたか。

――どこにあったかですって？　あなたはさらに、製粉所は、クローバーは、川に架かる吊り橋はどこにあったか、とお訊ねでしょうね。すべては略奪され、破壊され、身ぐるみ剝がされちゃったな。ロシアのイヴァンには何も要らぬからね。上司の面々は、知恵を働かせて集団農場《コルホーズ》を運営する代わりに、私らの許にやって来て、こう嚇したのよ。間もなく日本人の引揚げが始まるから、単独での外出は差し控えて、警戒心を高めるべし、と。

――それで、どうなりました、わが方の人たちが襲われた事例はありましたか。

――それが、何も起こらず、何事も聞こえずじまいだったさ。私は独りで至る所を歩き回り、川にも、草刈りにも、遠方の畑にも出かけたね。誰も怖くなかったし、誰一人私には指一本触れなかったよ。日本人の男女は、出会うと鄭重な会釈をしてくれるの。幾組かの家族とは仲良しになれて、顔を合わせては、お喋りに励んだものよ。彼らはわずかながらロシア語も喋り、私らも少々の日本語で、結構意思の疎通は可能だった。だって土地や収穫や家畜のことなど、お馴染みの話題ばかりだったからね。私ら同様に、朝から晩まで額に汗して働き、子供らを育てる、よい人たちばかりさ。皆さん正直者ばかり、人を騙すことさえ知らず、人様のものは、偶々手元に見出された場合でさえ、猫ばばを決め込むようなことはなかった。彼らの出立直前だったが、私の旦那――どうか天国に安らぎ給え――が燕麦一袋を製粉所へ運んだのさ。翌日、一人の日本人男性がわが家に見えて「ヴァーシャさん、さァ、燕麦をお返しします。脱穀はしましたが、製粉までは時間が許しません。私らは明日出発しますが、ひょっとして、袋が紛失するといけませんから……」と告げた。その翌日、彼らは小さな包みを幾つも抱えて、貨車に積み込まれたの。私らは見送りに赴いて、懇ろに別離の挨拶を交わす。彼らは腰を深く折ってお辞儀をしたのち、私らと握手した。男衆は手を大きく振りつづけて、「マダム、許可が下りたら、また戻ってきてもよろしいか」と訊ねたの。私らは「どうぞ戻ってらっしゃい、土地はわれら全員の分が十分にありますから、そしたらもっと楽しくやりましょう。私たちの子供らが大きくなったら、互いに結婚させましょうよ」と応じる。彼らは声を上げて笑ったが、目に涙を浮かべた人も何人かいたわ。彼らの涙で責めらるべきは、まかり間違っても、私らではないよ……。

第四次五カ年計画向け公債への応募が高水準で進行中。真岡町で公債に応募したのは、在住ロシア人一六五〇人中一三七八人、在住日本人三七五〇人中三一六〇人である。

南サハリン州は五月の最初の十日間で、公債応募枠の一七二％を達成した。本斗地区の遠節《トブチ》工場のキオカイ・イヴァヤ工場長は一九四六年五月五日、額面一万ルーブリの公債に応募して、その場で全額を現金で納入した。

（ペ・ボガチョフ民政局政治部長報告より）

農業部門の優秀労働に対する報奨として、農作業計画の完全かつ質的遂行を達成した村長（複数）や農民世帯（複数）には、極東軍管区軍事評議会の決定により、懐中時計一〇個、ゴム長靴五〇足、釘五〇〇キログラム、煙草五〇キログラム、灯油一五〇〇キログラム分の予算が、報奨基金として配分された。

（ペ・ボガチョフ民政局政治部長報告より）

スロイエフ一家を運んできた同じ移民輸送編隊では、トラクター運転手のニコライ・アンドレイェヴィチ・トラヴィンも二股《フトマタ》村に到着している。現在のチャプラノヴォ（旧二股村）では多くの住民が彼と同姓である。女傑だった母マリヤ・ヴァシリイェヴナ・トラヴィナはとうの昔に永眠し、一族の当主自身も他界して、そこに現存するのは彼らの子供、孫、曾孫らである。子供たちは機械化技術要員や運転手となって、国営農場《ソフホーズ》で働いていたが、今、どうしているかは——詳らかでない。

ニコライ・アンドレイェヴィチ（トラヴィン）が日本人共同体の生活に向けた眼差しには、興味深いものがある。

——わしが何よりも気に入ったのは、彼らの間にしっかり根付いた規律だ。彼らは小村落《フートル》で暮らし、そこでは小村長が君臨するも、村の中央には大村長が鎮座するのだ。何かが起きるや、一瞬のうちに人々を招集し、洪水や火災、その他の災害に派遣して救援に当たらせる。ある人に不幸が起きると、即刻、村長が駆けつける。まさにそのような事態が現実に発生したのは、一九四六年十一月、祝日第二日のことである。わが方の村人二人が痛飲して、愚かにも、村外れに住む日本人の襲撃を思い付いたのだ。日本人に襲いかかるや「酒《サケ》を出せ！　金を寄越せ！」と怒鳴りつける。酒はそこに見つからず、お金は彼が渡さなかった——どうやら彼の許に現金はなかったようだ——ものだから、彼らは彼をこっぴどく殴って、家財道具から何かを引っ摑み、酒手に充てようと持ち去った。殴打を受けた日本人が小村長に被害を訴えるや、小村長は村の中央まで馬を駆って大村長へ注進、大村長は軍哨所に報告する。わが軍の武装巡察隊が捜索に乗り出して、強盗らのズボンを引っ摑んで営倉へぶち込み、四年の謹慎を申し渡した……。だから、彼らのところには窃盗も暴力沙汰もなかったわけ。隣人同士の二人が些細なことから罵り合う事態が出来したが、老人の誰かが両名に怒鳴りつけるや、彼らは老人に一礼して逃散する。夕刻になると彼らは一杯の酒を、和解の印に汲み交わして、翌朝になると、率先して相手の手助けにこれ努めるのだ。

——わしたちは［一九］四六年をどうにか生き延び、四七年の春には、彼らの畑で働きだした。彼らは自分が立ち去ることを承知していたから、畑はもはや耕さなかったが、わしらを助けてくれた。日本人の農民は何かをせずにはおれない性分だ！　わしは一人の日本人と親しくなるが、名前はタニオカ、わしとほぼ同年配だった。彼は自分の馬と農具をわしに与えて、二条の畑地を起こして播種するのを手伝ってくれた。わしたちはまず手提げ籠から種を播いてハローで均した。タニオカはわしに管を用いる播種法を伝授する。彼らの間には、穀物を均等に播けるような特製の管があった。この管は腰に取りつけるが、漏斗《じょうご》のような容器に穀物を入れ、管を通して畑に播くのよ。すると芽生えが満遍なく叢生する。タニオカは出立直前に「俺の馬《ウマ》を貰ってくれ、こ奴は若いけれども賢いぞ、きっと良く働いてくれよう」とわしに申し出た。日本人の馬は大型で強力だ。わしたちは「バーチャ」――これは薪を運ぶための特製橇だ――で薪を一二立方メートルずつ搬出していた。あの頃の自動車は積載能力がその半分にも満たず、道路のない所ではお手上げだったが、日本の輓馬は荒々しい鼻息ながらもくもくと積荷を曳いてゆく。タニオカはわしら銘々が自分のために働いていると誤解して、わしに自分の馬を託した。しかし、わしらのところではこの富を粗末に扱ってしまったな。ある年、集団農場は干し草を刈らずに、馬群をクリリオン［西能登呂］岬方面へ放逐し、馬どもはほとんど一年間辺りをうろついていたが、その後は姿を消してしまった。

――わしらは日本人とうまくやり、持てるものはすべて分け合ったさ。彼らはわしたちに牛乳、馬鈴薯、キャベツを届け、お返しに、わしらは缶詰、亜麻布、タバコといった、国家の配給ラインを通じて手に入るものを提供する。わしらの間には、日本人の提供品を貢物として受け取るような輩もむろんいた。そうした輩には直ちに肘鉄が食わされたよ。タニオカの細君はわしの妻へ「マルゥシャ、あんたには牛乳も、またあるものはすべて上げるよ。だってあんたは、子供が仰山いてるのに欲張りじゃないものね」と語ったものさ。わしらに格別、お返しの品があったわけではないが、彼らが評価したのは、どれほどどっさり受け取るかではなくて、最後の一品まで分かち合おうとする、その気持ちだよね。

――日本人たちは立ち去りたくなくて、残留が許可されるよう請願もしたさ。わしらとて、彼らとだったら楽に馴染めたろうし、財産を浪費することもなかったのにね。だって、すべてが盗まれてしまったではないか。隣の集落に駐屯していた軍人らは何やかやと没収したし、わしら自身も電動機を取り外したものの放置してしまったし、製粉機を壊したのもわしらの仕業だ。日本人からわしらが学び損ねたのは、規律、秩序、ものを粗末に扱わぬ躾、そして敬老精神だ。

その従業員の過半が日本人であるトマリ［泊］製紙《トマリンスキー・ブム》コンビナートでは、生産計画の一一〇～一一五％が遂行された。大洋《タイヨ》炭鉱の坑夫たちはこの二年を通して、採炭計画の間断なき超過遂行のゆえに、持ち回りの「赤旗」を堅守している。日本人漁夫の間には多数の突撃作業班員《ウダールニック》がいる。

（ペ・ボガチョフ民政局政治部長報告より）

少年期の一齣

ジャーナリストのニコライ・イヴァノヴィチ・サフチェンコは、今や功成り遂げて自適中であるが、彼が現役で活発に仕事をこなしていた頃、私たちは幾度となく、日本人との相互関係をめぐって議論を交わした。彼の回顧談は以下の通り。

――わが家がサハリンにやって来たとき、私は九歳だった。日本人との出会いの極めて強烈な印象は、私の記憶に今なお深く刻み込まれている。何よりもまず私を驚かせたのは彼らの情の深さである。私らがネヴエリスク地区［旧本斗支庁］で同居させて貰った家の主人には、母親と細君と小さな男の子がいた。私らは、煎り大豆、何らかの麦粉料理、自家製菓子を振舞われた。おそらくさほど豪華な料理でもなかったろうが、常時飢えていた私らにとっては、目の玉が飛び出るほど美味しかった。しかも、これがすべて、一切のおもねりや阿諛《あゆ》とも無縁で、心底からの好意としてなされたものなのだ。所詮、私らは余所者であり、招かれざる客ではなかったか。私らがやや落ち着いた頃、主人の庭に驚嘆の声を上げる。何という庭であろうか！それを飾るのは、矮生の樹木数種と調和的に配置された石組だけだった。しかし正真正銘の奇跡は、魚たちの遊泳する池だ。生きた魚が池の中にいるではないか！　ここの魚どもは給餌され、観賞され、何時間も観照の的となるのだ。これらすべてに私らは仰天した。ただうっとりするためとはふざけるな！と、全く納得いかなかったわけ。私らにしたら、すべては実践的意義を有するのみで、樹木とは、私らがそれに登り、枝を折り、薪にするため伐り倒すべく生長するものだし、魚の方は、捕らまえて食用に供し、猫にもくれてやるべく存在する。樹木や岩や魚が美的愉悦を惹起しうるなどとは、どうしてもピンとこなかったよ。ほぼ同じ程度に吃驚したのが、食器や小物類の豊かな品揃え。これらにもやはり、テーブルや住居の装飾として然るべく役割が割り振られている。私らが精々馴染んでいたのは銘々皿まで、その場合でも共通の深皿から取って食べねばならない。私らにとっては、食べ物それ自体こそ（量は多いに越したことはない！）重要であって、どのような食器から取って喰うかなぞ、全くの戯言《たわごと》に過ぎぬ。しかるにそこでは、寸法を異にする無数の茶碗や、色違いの各種小皿が低めのテーブルにぎっしり並べられ、しかもこれらの小皿は、それぞれに決まった用途があって、各小皿には自前の食べ物か調味料が盛り付けてあった。

――だが、私自身を最も吃驚させたのは、日本人の子供らが享受する待遇だ。日本人の男の子は各自が、自分の足に合った靴を履き、背丈に合った衣服を着るなど、すべて自分専用のものが宛がわれていた。戦時下の子供の私らときた日には、兄たちからのお下がりを着つぶすだけだが、それも継ぎだらけのズボンを穿き、外套の代わりに、綿があちこちにはみ出して得体の知れない代物を着用していた。日本人の男の子はスキーに靴を取り付けて滑り、靴付きのスケートを履いていた。私らの間でスキーを持つ者はほとんどおらず、もしいたとしても、一方が短くて他方は長いとか、片方が広くてもう片方は狭いなど、不揃いの代物。スケートとても、片や「競技用《ドウティシュ》」で、片やは「フィギュア用《スネゴヴィク》」、いずれも紐と棒でフェルト長靴《ヴァーレンキ》に縛り付けたものさ。日本人の男の子には自前の自転車があったが、私らの間では街区全体で一台だったから、代り番こにフレームの中へ脚を突っ込んで、乗り方を覚えたものだ。私らでは大人と子供の相互関係が、叱咤や打擲、後頭部への平手打ちによって構築されていた。私らの両親たちは、仕事で留守だったり、仕事から戻っても休息をとり、隣人らと会話し、近くで聞き耳を立てぬようあっちへ行けと追い立てたり、また酒を飲んでいる間は私らの方が敬遠したりで、私らにかかずらうことがほとんどなかった。日本人の場合は、見受けるところ家族はいつも一緒で、子供たちを罰することもないようだ。父親は息子たちと一緒に何かを手作りするし、自前技術を手解きし、彼らを連れて自然観賞に出かけたりもするのだ。日本人の男の子とてヘマをしでかすこともある——私らの場合だと、さしずめ容赦ない鞭打ちであろう——が、彼の父母は口頭注意と微笑だけに留める。

——短期間だったとはいえ、私たちはともに育ち、遊び、互いに何かを学び合った。彼らが愈々出発というとき、ある者には自転車を、ある者にはスキーを、またある者には鉛筆入りの筆箱を譲ってくれた。私たちの別れは、それなりに感動的だったから、子供らしい友情の幸せな感覚は、今なお私の中に残響を留めている。

日本人住民——労働者と農民——の精神状態は良好である。マチシタ・イヴォの作業班は漁獲計画を二一六%、サト・スザブロの作業班は二六五%、スズキ・ショゾの作業班は一八〇%、それぞれ遂行した。しかし、酒造工場・前社長のテモ・トヨジは、久春《クシュン》で催された集会の一つで「日本へ帰った暁には、ロシア人が私から工場を接収したものの、工場とその設備の代金を支払っていない、と自らの政府へ届け出る所存である」と語った。久春内《クシュナイ》・前町長は「プルカイエフがパンフレットの中で、住民はそれぞれの土地に留まり、日本人は全員が労働を継続すべし、と訴えているが、社長らは今や、自らの企業を所有する可能性が奪われている」と語った。

（第二極東戦線政治局特殊宣伝部長リスコヴェッツ中佐の報告より）

火事のあとで

ガリーナ・アレクサンドロヴナ・チェルニャイエヴァは一再ならず私にこう語っていた。

——遙か昔のことながら、両親とともにポロナイスク地区［旧敷香支庁］の新問集落《ニトゥイ》［現ノーヴォエ］に着いた当座は、日本人がとても怖かった。彼らはつい先頃、私たちと矛を交えたばかり、一人残らずサムライだから、子供たちに問答無用で切りつけるのではないか、と。

——家族にとって最良の日とは程遠かった、ある日、煙突から出火し、火事に見舞われた。日本式家屋が焼け落ちるのに十五分とはかからなかった。焔は瞬時に天井と紙張りの壁を呑み込み、ばかでかい焚き火が一気に天を衝いた。日本人らは、燃え盛る家屋は放置し、ひたすら被災者の救出と、隣家への延焼阻止に専念する。彼らはこの日もしくじることなく、子供たちや家財道具の一部を運び出すことに成功した。

火事はどんな泥棒よりも性質《たち》が悪い。泥棒ならば、せめて壁ぐらいは残してくれるが、この度は一切合財が灰燼に帰した！

集落には幸いにも空き家があったから、雨露を凌ぐ屋根は直ちに見つかった。

だが、私らがその価値をよく考えることもなく常用してきた、匙、皿、鍋、桶のような日用品の多くは、なくなってしまった。水を飲むためのコップすら、一つも残っていないのだ！　焼け出された子供らには石鹸も束子も、また替え肌着もなかったから、火事騒ぎが彼らを襲ったときそのままの、薄汚れて不潔な「着た切り雀」の姿だった。何を敷いて寝たらよいか？　何で体を蔽えばよいのやら？

罹災者支援のため最初に手を差し延べたのは日本人たちで、小さな包みを幾つも抱えて、彼らの新入居地へ馳せ参じる。持参したのは、食器類や食料、厚めのマットレスや毛布、衣服に履物、各種日用品である。会釈をして同情の意を表する。子供のいない［日本人］夫婦である元の隣人がやって来て、熨しのかかった寝具覆いと枕カバーの山をどさりと投げ、魚の調味料を添えた炊立てご飯もでんと置いた。夫婦は長っ尻を続けて、彼らが心を通わすことのできた、ガリーナの妹ソーニャを娘として引き取らせてくれ、と懇願した。

彼らの新しい隣人となったのはチムラさんである。彼には、ガリーナと同齢の娘がいたから、子供らは忽ち仲良くなり、大人たちもまた親しい仲となる。子供たちは連れ立って川まで駆けっこしたり、苺摘みに森へ出掛けたり、冬には橇滑りやスキーにも興じた。家族は、新しい隣家の支援を受けて畑仕事に従事し、馬鈴薯やキャベツを植え付け、煙草の種を播いた。野菜畑を持つことで生活は格段と楽になる。

――私ら移住者にとっては、日本人が余人をもって代えがたい教師となった。私らは海を見たことがなく、漁り舟《クンガス》はどちらの舷側から乗るべきか、縺《もつ》れた網はどうして解きほぐすべきかさえ知らなかった。日本人は私らに、棒受網や漁網を設置し、漁り舟や小舟を操り、魚を加工する術を伝授してくれた。彼らは、島の海岸線の全延長にわたって、一〇～一五キロ間隔で魚加工場や魚粕肥料工場を配置し、至る所に塩蔵用貯槽を整備していた。彼ら自身はまた製品輸送用の樽《ボチコタラ》や木箱も製造していた。そこには冷蔵小屋もあった。二、三月に大量の氷を氷室に搬入すると、次の冬の到来までは然るべく低温が維持された。

――私らの方は何を日本人に伝授したのであろうか。私らとの交流はおそらく、彼らに対しても何らかの益をもたらしたであろう。とはいえ表層にだけは、いつも何やら否定的なものが漂っていた。注目すべきは、日本人がロシア語の卑猥な悪罵語を身につけたという事実である。日本人男性同士の口論の場に居合わせたことがある。当初は穏やかそうな口喧嘩に過ぎなかったものが、やがてますます熱を帯びて、叫びも声高になっていく。遂にクライマックスが到来し、ロシア語の卑猥な悪罵語が飛礫のごとく飛び交ったあとで、争議はようやく沈静化したものと見做される。日本人が肝をつぶしたのは、私らのアルコール飲料の飲みっぷりだ。日本人は盃一杯の酒《サケ》を夜っぴて賞味するが、わが方ではコップ一杯の生アルコールを一気に空けてしまうからだ。日本人は、それに先立って一息吐き、水を飲み、前菜を摘んでから飲むように、と教えられた。その後に声を合わせてロシア民謡を歌った。出立に際して催された別れの宴では、一緒にしたたか飲み、唄を歌い、アコーディオンの伴奏で踊ったのよ。子なしの［元］隣人夫婦は、ソーニャを養女に迎えたいとの思いと訣別することができなかった。涙ながらに別れを告げつつも、二人して彼女を手放すよう求めつづけた。

私を漁業会社に残留させてください。なぜならば、北海道には親族も知り合いもいませんし、一九二七年以来、即ち、私がこの世に生を受けてこの方、ずっとサハリンに住み続けているからです……。養父母の許で暮らし、余所者の間で育てられました。私はソ連邦を祖国と見做しております。

（アサナイ［麻内］集落在住のナカムロ談）

ネヴェリスク地区［旧本斗支庁］で締結された、二、三年雇用を前提とする日本人労働者との契約は全部で六七件だった。同地区では、日本語で発行されている「ノーヴァヤ・ジーズニ（新生活）」紙の定期購読部数は一四二一部である。

（一九四五年十月から一九四六年七月二十日までの州民政局政治部報告より）

引き裂かれた友情

かつてコルサコフスク地区［旧大泊支庁］に所在したムラヴィヨヴォ集落［遠淵］は、何の痕跡も残していないが、歴史的には実在した史跡である。一八六七年七月二十日、東シベリア常備軍第四大隊のある中隊が、ブッセ少佐の名を冠する湾に接続する海峡の東海岸にムラヴィヨフスキー哨所を建設した。ここの湾岸一帯ではサケ・マスの大群が戯れ、ニシンの群れはまさに岸辺にまで乗り上げる勢いだから、籠で拾い集めることも可能だった。ブッセ［旧遠淵］湖には極めて希少な植物——（寒天の原料となる）イタニグサ［ahnfeltia tobuchiensis *MAKIENKO*］——も見出された。低山の斜面にはコケモモ、朝鮮五味子《ごみし》、クラスニカ［vaccinium praestans *LAMB*］が密生する。一九〇五年以降は、ここに残留したロシア人家族と軒を並べるように日本人は遠淵《トブチ》村を建設した。

［戦後になって］募集に応募した入植者が到着するや、ここの生活は活気づく。沿岸漁業の作業班はニシン、カラフトマス、キュウリウオを漁《すなど》り、冬季にはコマイを捕獲するが、塩蔵作業所とイクラ加工場は二十四時間フル稼働であった。秋が訪れるとやや沈静化するも、社会生活は、巡回上映班が週に一度映写フィルムを携えて訪れるクラブや、アルコール飲料を商う店舗へと舞台を移してゆく。十一月の祝祭日期間が過ぎると雪が降りだす。成人男子や若者らは二〇キロ先の伐採現場——そこでは木材伐採と、貯木場への木材搬出の繁忙期が開始する——へ赴く。人々をそこへ惹き寄せる「長いルーブリ」［つまり、「濡れ手に粟」や「ぼろ儲け」の意］は、路上に転がってはおらず、いずれにせよ自らが稼ぎ出さねばならなかった。

以下に登場するある家族は、偶々日本人医師の近くに住み付いたというだけでも、僥倖だったと言うべきだろう。

新政権はこの医師が個人診療に携わることを禁止し、彼は雑役労務者になった。彼の周りでは、隣人たちとの友好関係が確立される。件の家族の家長が、漁業企業の内部的需要に奉仕する営繕作業班の班長に任命された。同班の業務は、住宅や生産施設の応急修理、馬による小型貨物の輸送、馬匹自体の飼養だったが、盛漁期とイタニグサ採集の最盛期には、生産の最前線にも投入された。

この日本人と格別な友好関係を樹立したのは、班長の当時十歳だった末娘である。彼女は今なお彼のことを忘れていない。

――私らの隣人はタカヤという方でした。何がきっかけで彼が私らとかかわるようになったかは知りません。父は彼をひどく尊敬していたが、父は酒豪なのに日本人は下戸。にもかかわらず、彼らはほとんど毎晩のように行き来して、話し込んでいたわ。父は日本語を素早く把握したが、私らの友人のロシア語理解はまあまあってところかな、きっと、先住ロシア人から学んだに違いないわ。タカヤが父の留守中に来訪したときは、母を助けて水を運んだり、薪を割ったりと、家事もこなしていた。また私らと遊んでもくれたよ。彼は三十歳前後、奥さんとともに二人の小さな子供を育てていた。奥さんとはほとんど会う機会がなかったけど、引っ込み思案で内気な方のようだった。彼女は家に籠っておられたが、ひょっとすると、ご主人が自分の子供よりも私らの方へより多くの関心を寄せることに、気を悪くしておられたのかもしれない。

私らの母は病気勝ちだったから、タカヤが治療を引き受けるようになる。彼は自前の薬品や民間薬を携えて来診し、親身になってママの治療に当たり、しかも、治癒させたのよ。彼はまた私らが罹るさまざまな病気もすべて治してくれたから、申し分のない主治医だったね。私がママから何か頼み事を言いつかるようなときは、私の友が応援に駆けつける。ママはしばしば私に牛乳の入手を託したが、村の最果てまで遠出が必要だった。タカヤは私を自転車に相乗りさせて、直ちに出動したものだ。父が仕事から中々帰宅しないことがあり、ママは私に捜しに行かせたの。私は自分の日本人のところへ駆けつけ、私たちは一緒に出かけた。私らは、お仲間が一杯ひっかけてトランプを楽しむべく立ち寄る場所を、幾つか承知していた。私らの出現は極めてしばしば、トランプ遊びの佳境に際会したが、父が私らに抗うことは決してなかった。必ずしも自制心の強い人ではなかったにも拘らず、私らの隣人に対しては、無礼や粗暴の素振りを見せることは一切なかった。

――タカヤはわが家の親友となったから、彼が帰国することを知った日は、当時の私にとって最も悲しい日と化した。彼は立ち去ることが気に染まず、最後の頃は、物悲しい風情でわが家を訪れ、まるで自責の念に駆られたかのように、ただ困惑した笑いを浮かべるだけだった。私らは全員で彼の悲しみを分かち合ったが、私は本国帰還の話で持ちきりの会話に耳を傾けながら、慄きつつ別離のときを待つほかなかった。私には姉と二人の兄弟があり、彼らは私を愛し、私も彼らには心底から肉親の情を抱いていたものの、この隣人に対する愛着は別物で、どことなく未知の感情だった。私は子供心にも、私らの隣人が連行されねばならぬことを、重大な不正義と把捉した。日本人には予め出発日が通達されるのに、わが家の隣人はいきなり夜半に連行されてしまったから、私らと別れの挨拶を交わすことすら叶わなかった。そのことを知ると、私は激しく号泣する。号泣は終日止まらず、家族は誰も、私を宥め鎮めることができなかった。無論それは子供の涙であったが、それを恥じたり否定するつもりは毛頭ないわよ。

――その頃に出来した今ひとつの別離は、村人のすべてを驚愕させた。わが家のほど近くに、七人の子供を抱える家族が暮らしていた。父親は先住移住民のロシア人で、母親が日本人だった。父親は年長の息子たちとともに村に残留し、母親は年少の子供らを連れて日本へ帰国すると、私らは承知していた。このような大家族をなぜ破壊し、兄弟と姉妹、夫と妻、父母と子供らを、どうして引き裂かねばならぬのかと、憐憫の情に駆られた人たちが、彼らについて語っていたことをよく覚えている。年長の息子たちは既に大きくなっていたが、母親は、父親に瓜二つの十五歳の息子だけは連れて行きたかった。しかし、彼には許可が下りなかった。この悲劇に関して誰が責めらるべきかは知らぬが、彼女が、残留する者もまた立ち去る者も等しく気遣って、どれほど重い石をわが心に抱えたかは、私にも理解できる。母親と年少の子供らが連行されたのは、他の人たちと同様に夜半のことである。にも拘らず村には、同情の念に駆られてか、あるいは単なる好奇心からか、離別の舞台を見に出かけた人たちがいた。のちになって彼らは、妻と子供たちが父親の前で膝をついて倒れ、凝り固まってしまった様子を、生々しく語ってくれた。父親が彼女らを抱き起し、ロシアの習慣に従って全員に三度ずつ接吻すると、彼女たちは小さな包みを幾つか抱えて小型舟艇に乗り込んだ。その心中は誰にも推し量れぬとはいえ、彼女らはただ黙って、おとなしく別れただけで、誰も号泣し、ヒステリーを起こすことはなかった。父親と息子たちはその後も長いこと、夜半の岸辺に立ち尽くす。舟艇のエンジン音が消え、霧に隠れて灯火が見えなくなったあとも、彼らは海峡の畔に、彫像のごとく佇んでいた。

外地引揚者の約八割は、北海道各地に居住地を見出して定住している。一九四七年には外地引揚者のために、日本全体で二万戸の住宅を用意する予定であったが、一九四七年六月現在、提供されたのはわずか四百戸に留まる。外地から帰国を果たした日本人の八割は失業者で、糊口の資も、衣服も、住宅も有さない。佐世保市では一万五千人が、設備の整わぬバラックに鮨詰め状態である。

（「北海道新聞」一九四七年六月十八日付）

函館市の会所町《カイショマチ》には、外地引揚者十一家族が収容されたバラックがある。家賃は一・五平方メートル当たり月額五円二十銭と、頗る高額である。

（「毎日新聞」一九四七年六月九日付）

外地からの引揚者は全員が古い厩舎で暮らしており、土地はいまだ彼らの間に配分されておらず、農機具もなく、各家族にあるのはただ鍬とスコップ各一挺のみ。

（一九四七年九月十八日付極東軍管区諜報部報告より）

私らは約二年間、ソヴィエト権力の領導下にあるサハリンで暮らしております。私らがここで平穏に暮らせたことに対しては、同権力に感謝申し上げるも、私には生まれ故郷に惹かれる思いが強くあります。かの地では目下、苦しい生活を送っていることは承知しますが、にもかかわらずやはり、わが祖国です。
（一九四七年夏、ドリンスク市（旧落合町）で開催の日本人活動家協議会におけるヴァレネツ村々長の報告より）

あの遠き時代以降、膨大な変化が繰り返されてきた。ここで新しい生活の構築を開始した人たちは、永遠の憩いの世界へ逝ってしまった。日本人タカヤと親しく交わった少女の物語は、家族の伝説と化した。この伝説を、私は幾度となく耳にする。少女は思春期を迎えたあと、私の妻[80]となったからだ。私らの三人の子供たちも、自らが既に人の親となって、長女には孫——したがって、私らには曾孫——もいる。そして、これらのすべてを、まずはわが家の彼ら・彼女らに捧げたい。だが、生まれ故郷の命運に無関心ではおれない方々からは、ご意見を拝聴できるのではないか、と密かに期待もしている。

それら古い歳月に思いを致すならば、地球表面の細い帯の上で遭遇した二つの民族が、どのように協働し、友情を育み、親しい気持ちで別れを告げたかは、ただ驚愕し続けるほかない。とどのつまり、われらは皆、悲しみも喜びも同じように感じる人間であり、ロシア人も日本人も均し並みに、恋に胸ときめかし、別離には心を痛めることが判明する。このような真理の値打ちは、その自明性のゆえに目減りすることがないとはいえ、すべては、何と単純で明快ではないか。逝去された人たちには、二百年以上も前に小澤蘆庵がものした和歌[81]を、餞として贈りたい。

（80）ガポネンコ氏のメールは、ヴァレンチナ・ミハイロヴナ令夫人が先頃逝去され、一月七日に葬儀が営まれたことも伝えている。合掌。

清冽な水の上に
高峻な山々の映る
遙かなる国にて
われは知る
心に宿りし汚穢は
すべて
跡形もなく消えゆくと

(81) 小澤蘆庵(一七二三〜一八〇一)は江戸後期の歌人。引用文の元歌は、小澤蘆庵自撰歌集『六帖詠草』(一八一一)「雑上・雑歌」所載の「水清く　山かげうつるあたりには　心の塵も　うかばざりけり」(『賀茂翁家集・六帖詠草・桂園一枝』三八六頁、東京・有朋堂書店、一九一五)と忖度される。

資料

以下に附録する資料二点は、オムスクの国家文書館に収蔵されていた、瑞穂村朝鮮人虐殺事件にかかわる被告訊問調書・裁判記録（全三冊、著者は「00116号事件簿」とも記している）中に見出される。ガポネンコ氏によると、全三冊をホルムスクへ取り寄せて閲読し、返却したが、その後に「事件簿」の現所蔵先をモスクワに照会するも、いまだ回答がなく、目下「所在不明」とのことである。

したがって、当該資料の収蔵番号などは、遺憾ながら「不明」である。しかし、「事件簿」に収録された文書の一部は、崔吉城氏がゼロックス・コピーの形で所持しておられ、翻訳資料として訳者の手元にも届けられている。

（一）名簿

一見して、同事件にかかわる十八名の被告一覧であり、左端に一連番号と、キリル文字に転写された「氏名」がタイプ打ちされ、右端には漢字書きの署名が見出される。丸括弧内の平仮名による姓名記載は、キリル文字表記と漢字読みの双方を勘案した、訳者の加筆である。漢字の筆跡がまちまちであることから推して、おそらくは被告本人直筆の「署名」であろう。

「名簿」は「00116号事件簿」の、以下に掲げる「決定」文書の前頁に収録されているから、「決定」の日付（一九四六年八月八日）以前に作成されたものと推定される。

「名簿」の資料的価値は、これにより十八被告全員の氏名が確定できるところにある。なお、同事件の首謀者と目される森下泰夫は、被告人にならなかったため名簿には登場せぬが、わずか一カ所ながら、ゼロックス・コピー内に氏名の漢字記載が見出されたので、名簿の末尾に追記しておいた。

（二）決定

これは、国家保安省南サハリン州防諜局訴追部長ロガノフ大尉が、南サハリン州民政局長イェリセイェフ大佐へ上申した一九四六年八月八日付「決定」の、ロシア語原文と邦訳である。民政局長は同日、この「決定」を閲読し、直ちに然るべく措置を取った。本書第二章で扱われる「死体発掘」は、民政局長の「八月八日付指令にもとづき」（本書四九頁）実施されているからである。

七月十六日に細川武を含む実行犯被疑者八名が、八月二日にはさらに八名（ここに千葉茂一も含まれていたと想定される）が逮捕されている（本書一九三〜九四頁）ことから、被疑者に対する訊問と参考人の事情聴取は、すこぶる短兵急に進められたことが窺われる。

（一）名簿

С описью ознакомлены путем прочтения нам на японском языке, через переводчика японского языка.[1]

1 Курису Нобору —— 栗栖　昇（くりす・のぼる）
2 Нагаи Котаро —— 永井幸太郎（ながい・こうたろう）
3 Мифунэ Эцуро —— 三船悦郎（みふね・えつろう）
4 Какута Тиодзиро —— 角田東次郎（かくた・とうじろう）
5 Хасимото Сумиёси —— 橋本澄吉（はしもと・すみよし）
6 Киосукэ Дайсукэ —— 清輔大助（きよすけ・だいすけ）

7 Хосокава Хироси ―― 細川　博（ほそかわ・ひろし）
8 Касивабара Дзюнси ―― 柏原壬子（かしわばら・じゅんし）
9 Курияма Китидзаемон ―― 栗山吉左ェ門（くりやま・きちざえもん）
10 Судзуки Хидэо ―― 鈴木秀夫（すずき・ひでお）
11 Хосокава Такеси ―― 細川　武（ほそかわ・たけし）
12 Митинака Тадао ―― 途中忠雄（みちなか・ただお）
13 Курияма Сиодзи ―― 栗山昭二（くりやま・しょうじ）
14 Чиба Масаси ―― 千葉正志（ちば・まさし）
15 Чиба Моичи ―― 千葉茂一（ちば・もいち）
16 Мива Мацумаса ―― 三輪光正（みわ・みつまさ）
17 Судзуки Сумиеси ―― 鈴木政義(2)（すずき・すみよし）
18 Нагая Акио ―― 長屋昭雄（ながや・あきお）
Морисита Ясуо ―― 森下泰夫(3)（もりした・やすお）

（1）「われわれは調書の内容を、日本語通訳が口述した日本語訳によって承知している」［冒頭三行の邦訳］。
4番の「とうじろう」が「ちょうじろう」、16番の「みつまさ」は「まつまさ」と、やや不正確である点を除くと、日本人氏名のきわめて精確かつ的確なキリル文字転写である。

（2）「鈴木政義」の名前は、ガポネンコ氏の本文で「マサヨシ」と訓読されているが、本「名簿」のキリル文字表記（17番）では「スミヨシ」と明記されていて、「読み」を一元的に確定することができない。

（3）この項は、別件資料による。

(11) 決定

<u>“УТВЕРЖДАЮ”</u>
[Н]АЧАЛЬНИК УПРАВЛЕНИЯ УГБ ПО
[Ю]ЖНО-САХАЛИНСКОЙ ОБЛАСТИ
ПОЛКОВНИК ［подпись］ (ЕЛИСЕЕЕВ)
“8” августа 1946 года.

<u>П О С Т А Н О В Л Е Н И Е</u>

“8” августа 1946 года г. Южно-Сахалинск

Я, начальник следственного отделения Управления МГБ Южно-Сахалинской области КАПИТАН РОГАНОВ, рассмотрев следственное дело №37 по обвинению, ХОСОКАВА Хироси, ХОСОКАВА Такеси, Чиба Моити и других.

<u>НАШЕЛ:</u>

Обвиняемые ХОСОКАВА Такеси и Чиба Моичи на допросах показали, что примерно 23 августа 1945 года во время массового убийства корейского населения в поселке Мидзухо, Холмского района лично или в доме корейца МАРУЯМА были убиты одна жемщина кореянка и четверо-малолетних детей, трупы которых они захоронили примерно в 20 метрах от дома МАРУЯМА, на окраине местечка Уросима.

Учитывая, что обнаружение трупов женщины и 4-х малолетних детей убитых японцами ХОСОКАВА Такеси и ЧИБА М<u>а</u>ичи[sic!], является важным видом доказательства их преступной деятельности, кроме этого при обнаружении трупов необходимо произвести судебно-медицинское исследование их для установления причины смерти.

На основании изложенного:

ПОСТАНОВИЛ:

Выехать на места предполагаемого погребения трупов в дер. Мидзухо и провести эксгумацию таковых, для чего привлечь судебно медицинского эксперта.

НАЧАЛЬНИК СЛЕДСТВЕННОГО ОТДЕЛЕНИЯ УМГБ ПО ЮЖНО-САХАЛИНСКОЙ ОБЛАСТИ—КАПИТАН [подпись] (РОГАНОВ)

Настоящее постановление мне объявлено 8 августа 1946 г. Ст[атья] *95 УК РСФСР мне известна*

ав[густ] *08 46.* [подпись]

［邦訳］

「裁可する」

南サハリン州民政局長

大佐［署名］（イェリセイェフ）

一九四六年八月〃八〃日

決定

一九四六年八月〃八〃日

ユジノ・サハリンスク市

私こと、国家保安省南サハリン州防諜局訴追部長ロガノフ大尉は、細川博・細川武・千葉茂一らへの告発に係わる37号訴追案件を審理して、以下のことを見出した。

細川武・千葉茂一両被告は訊問の中で、ホルムスク地区瑞穂村における朝鮮人大量殺害に際し、一九四五年八月二十三日頃、朝鮮人女性一名と四名の若齢児童が、彼ら自身により、あるいは丸山宅で殺害され、またこれらの遺骸は、[小字]浦島《ウロシマ》の外れにある丸山宅からおよそ二〇メートルの場所に、彼らによって埋められた、と証言した。

細川武と千葉茂一により殺害された女性一名と児童四名の遺体発見が、彼らの犯罪行為を立証する重要案件であることに鑑み、遺体発見に際しては、死因を究明すべく、同遺体の法医学鑑定も、併せて実施することが必須である。

上記の事由にもとづき、以下のように決定する。

瑞穂村の遺体埋葬箇所に想定される場所へ赴き、それら遺体の発掘を実施すること、そのためには、また法医学鑑定専門家の協力も仰ぐべし。

国家保安省南サハリン州防諜局訴追部長
大尉　ロガノフ大尉［署名］

［手書きによる書き込み］
本決定は一九四六年八月八日、
私に提示され、
ロシア連邦共和国刑法第五条は承知している。
［一九］四六年八月八日［署名］

訳者あとがき

昨年の十二月八日（太平洋戦争開戦記念日）、ＮＨＫ「ＢＳプレミアム」が「戦争証言スペシャル」の一環として、「運命の22日間　千島・樺太はこうして占領された」を放映した。番組を観ていた私は、図らずも、栗山昭二さんが瑞穂村朝鮮人虐殺事件の元被告として画面に登場し、インタヴューに応えておられて思わず絶句する。ガポネンコ氏によると、栗山昭二さんは一九四六年九月の軍事法廷で禁錮十年を宣告されてラーゲリ送りとなり、「その後の消息については、データなし」（本書七六頁）と記載されていたからである。「よかった！」、「生きておられたのだ！」というのが、率直な感慨であった。

栗山昭二さんには、可能であれば、本訳書に目を通していただき、内容を吟味されるとともに、事件後六十六年を経た現在の心境を、是非ともお聞かせ願えないだろうか。

ガポネンコ氏からの来信によると、サハリンでは『瑞穂村の悲劇』改訂版の刊行準備が進んでいる由、栗山昭二さんに関わる記載も、この際に更新されることが望まれる。

著者紹介

コンスタンチン・イェロフェイェヴィチ・ガポネンコ氏は、今年傘寿を迎えるサハリンの作家である。一九三二年十月十五日、旧ソ連・ウクライナ社会主義共和国キエフ州のトルゥシュキ（Trushki）村にて、ウクライナ人家族の末子として呱々《ここ》の声を上げる。一九四一年六月、独ソ戦が勃発して、トルゥシュキ村は一九四一年七月〜四四年一月の二年半、ドイツ軍の占領下にあった。コンスタンチン少年は占領体制下で、十代初めの多感な時期を過ごした（本書第10章「残酷地帯」、第13章「苦難の枷」参照）。

一九五一年、トルゥシュキ村で八年制教育を修了したコンスタンチン青年は、兄に従ってサハリンへ移住し、アニワ湾岸のオジョルスク（旧長浜）に定住する。ガポネンコ氏の六十年に及ぶ「サハリン時代」は、こうして幕開けとなる。時に、氏は十八歳であった。

これ以降は、ガポネンコ氏から届けられた以下の「略歴」を参照されたい。

一九五一　兄とともにサハリンへ移住、オジョルスク（旧大泊支庁長濱）定住
一九五三　オジョルスカヤ中等学校卒業
一九五五　ユジノ・サハリンスクの師範学校（サハリン教育大学の前身）卒業
一九五五～五八　北サハリンで兵役を務める
一九五八～六六　チャプラノヴォ村（旧真岡支庁清水村大字二股）にて歴史科担当教師
一九六六～八八　ピャチレチエ村（旧真岡支庁清水村大字逢坂）にて教師、教務主任、校長を歴任
一九八八～九一　「チャプラノフスキー国営農場」共産党委員会書記
一九九一（八月）　年金生活に入って、執筆活動に専念
一九九五～　ユジノ・サハリンスクに転居、現在に至る

大摑みに言えば、ガポネンコ氏の職業人としての経歴は、チャプラノヴォの八年とピャチレチエの二十二年を合わせた歴史教師としての三十年（二十六～五十六歳）と、一九九一年に国営農場共産党委員会書記を辞め、執筆三昧の生活に入って以降の二十年に大別される。後者はこれ以降も継続されるから、年数はやがて

互角となり、前者を凌ぐようにもなろう。

加えて、『瑞穂村の悲劇』（一九九三）は、作家ガポネンコのデヴュー作にほかならない。瑞穂村朝鮮人虐殺事件の関係資料に接するのが一九八七年、そして十頁ほどの同名論文は一九八九年に公刊されているから、氏は党委書記を務める傍らで、資料の読み込み、新資料の博捜、関連取材そして執筆と、さぞかし八面六臂の仕事ぶりだったろうと忖度される。つまり、党委書記在任の三年間も作家活動に従事しておられたわけで、既に二十三年の年季を積んだヴェテラン作家である。

作家ガポネンコの専門ジャンルは現代史ノンフィクション、守備領域はサハリンに限定されるようである。例えば二〇一〇年に上梓された四六四頁を擁する大作『サハリンでわれらは如何に暮らしたか』は、戦後初期のサハリンを活写する「記録文学」であるが、語り継がるべき郷土誌との自負が覗《うかが》われ、御自身の子・孫・曾孫十一人に向けた献詞が記されている。昨年十二月にユジノ・サハリンスクでお会いしたとき、いまだタイトルは未定ながら、一九四五〜四八年のサハリンにおけるロシア人と日本人の共生をめぐって、大部の著作を構想中とのこと、幾つかの事例を熱っぽく解説された。大晦日には、書き下ろしたばかりの第一章「心に刻まれた文字」が電子メールで届けられ、サマリーの末尾では「旧住民がいまだ立ち退かぬうちに、新住民が到来したから、両者は一年以上にわたって、互いに隣人として暮らし、助け合うことが求められるという、きわめて興味深い歴史的実験が出来する」と語っている。擱筆の待たれる興味深い作品である。日本には樺太引揚者の最後の世代が、いまだ辛うじて見出されるので、早急に来日してインタヴューを試みられるよう助言した次第である。

ガポネンコ氏はこれまでに十四作品を公刊しているが、私の掌握する五件に限って、その書目を以下に掲げる。

"Трагедия деревни Мидзухо［瑞穂村の悲劇］;" *Нам жизнь дана : литературно-публицистический сборник.* Стр. 28-38, Южно-Сахалинск : Сахалинский филиал Дальневосточного издательства (1989)

Трагедия деревни Мидзухо［瑞穂村の悲劇］. Южно-Сахалинск : Редакционно-издательское малое предприятие «Риф» (1993)

Болят старые раны［古傷の痛み］. Южно-Сахалинск (1995)

Жернова［石臼］. Южно-Сахалинск (1995)

Как жили мы на Сахалине［サハリンでわれらは如何に暮らしたか］. Южно-Сахалинск : Издательство «Лукоморье» (2010)

登場人物の実名記載について

ガポネンコ氏はノンフィクション作家であり、『瑞穂村の悲劇』も明らかにこのジャンルに属する作品である。したがって、登場人物が実名で記載されることにはそれなりの必然性がある。著者はロシア語の「訊問調書」や「裁判記録」に記載されたキリル文字表記の日本人や朝鮮人の氏名を、そのまま全面的に公開しているが、その作品を日本語に直す段になると、とりわけ個人情報の保護という観点からは悩ましい問題に直面した。試行錯誤の末、読者の便宜も顧慮したため折衷的措置の感は否めぬが、以下の三原則に則って対処することに落ち着いた。①翻訳である以上、人名表記は原著のまま、つまり仮名や記号による代替措置は講じず、キリル文字の片仮名転写を原則とする。②林えいだい氏や崔吉城氏らの著作で漢字表記された氏名は拝借させていただく。③裁判で有罪判決を受けた十八被告には、例外的に漢字表記の実名を採用する（その際に準拠した文書は「資料」として本文末尾に添付した）。

訳者の注記

訳者は読者の便を配慮して適宜訳注を、いささか異例ながら各々の見開きページ末に施した。因みに、原著の本文では一カ所に脚注が見出されるから、本書では、該当する項（第一章冒頭、一九ページの注8）だけには「原注」と追記してあるが、それ以外はすべて「訳注」である。

本文中に挿入される［ ］内の記載も、やはり訳者の補足である。

最後に、本書成立の経緯について言及しておきたい。

二〇〇九年一月、崔吉城氏はサハリンで入手された『瑞穂村の悲劇』の邦訳を、同じ下関在住の徐満洙氏に託された。崔氏は二〇一〇年の春、徐氏によって全訳された邦訳稿の監修を私に依頼された。大恩のある崔氏のたっての依頼だけに無碍には断れず、またこれほど嵩のある文献とも思わなかったから、迂闊にも引き受けてしまった。徐氏の全訳稿が届けられ、少しずつ目を通す中で、当初は、朱入れ稿や改訂稿を、その都度、徐氏へフィードバックする形で監修の責めを果たしていたが、徐氏からの応答がないまま、私は次第に監修者から翻訳者の立ち位置へと軸足を移すことを余儀なくされた。徐氏の訳業を参照しつつも、新訳稿を作成するようになったからである。

当時の私は枚方の関西外国語大学に勤務し、フルタイムで文化人類学を講じていたから、学期中は時間の余裕がなく、訳業には専ら夏と冬の長期休暇を充てていた。仕事が中々捗らなかった所以である。

昨年三月十一日の「東日本大震災」は、まことに皮肉ながら訳業を加速させて、訳了の促進に大いに貢献することとなった。関西外大の定年退職を控えて、札幌へ引き揚げるべく引越荷造りを開始したその日に震災が発生し、それ以降四月初旬までの一カ月は、梱包荷物を運ぶコンテナーの順番をひたすら待ち続ける。

この間の無為を塞げる仕事は、原書と辞書とパソコンさえあれば、どこでも進められる翻訳を措いてほかになく、私は連日連夜訳業に明け暮れる。札幌の自宅に戻ってからも、ほぼ同様な事態が一カ月続いて、五月の連休までには、最終章の訳了に漕ぎつけたという次第である。

したがって、『瑞穂村の悲劇』の邦訳は徐満洙氏と私の共同作業の所産である。しかしながら、邦訳稿全体に対する文責と、瑕疵や誤謬にかかわる一切の責任は、ひとえに私一人が個人として負うべきものである。

二〇一二年一月二十八日　札幌にて

井上紘一

コンスタンチン・ガポネンコ
(Константин Гапоненко)
1932年，ウクライナ生まれ。サハリンの現代史ノンフィクション作家。ユジノ・サハリンスク市在住。18歳のときにサハリンへ移住，1950年代末から80年代にかけて八年制学校の歴史教師。80年代半ばに作家活動を開始して現在に至る。代表作『サハリンでわれらは如何に暮らしたか』（2010）のほか，13作品が上梓されている。

井上紘一（いのうえ・こういち）
1940年，東京生まれ。北海道大学名誉教授（文化人類学者，北方ユーラシア民族学専攻）。
［編著書］*A Critical Biography of Bronisław Piłsudski* (vols. 1-2). Saitama University (2010); *Pilsudskiana de Sapporo*, nos. 1-6, Sapporo-Saitama-Hirakata (1999-2010);『ピウスツキによる極東先住民研究の全体像を求めて』（北大スラブ研究センター，2003),『樺太アイヌの民具』（北海道出版企画センター，2002),［訳書］ゲ・デ・チャガイ編『朝鮮旅行記』（東洋文庫547，平凡社，1992）など

徐　満洙（ソ・マンス）
1947年，下関市に生まれる。在日二世。1969年，朝鮮大学校文学部卒業。現在，下関市において建設業に従事。高校の時からロシア語を学び，ボランティアで通訳も行っている。

＊本書は，東亜大学東アジア文化研究所推薦図書として，韓国の出版社「民俗苑」との共同出版により成ったものである。

樺太《からふと》・瑞穂村《みずほむら》の悲劇《ひげき》

❖

2012年７月15日　第１刷発行

❖

著　者　コンスタンチン・ガポネンコ
訳　者　井上紘一／徐 満洙
発行者　別府大悟
発行所　合同会社花乱社
〒810-0073 福岡市中央区舞鶴 1-6-13-405
電話 092(781)7550　FAX 092(781)7555
製　作　韓国・民俗苑
ISBN978-4-905327-19-6